달리고 읽고 쓰는 사람의
하이HIGH

달리고 읽고 쓰는 사람의
하이

오직 나에게만 집중하는 지독한 몰입의 시간

정선용 지음

테라코타

하이, 무너진 삶을 다시 세우다
– 퇴직자에서 대학교수로

대항해시대, 선원들은 어둠의 바다 한가운데에서 밤하늘을 올려다보았습니다. 별빛이 방향을 알려 주었기 때문입니다. 삶도 항해와 닮았습니다. 폭풍과 파도보다 더 두려운 것은 방향을 잃는 순간입니다. 어디로 가야 할지 모르는 상태, 그것이 진짜 재난입니다.

영어 단어 'disaster(재난)'는 라틴어 dis(떨어짐)와 aster(별)에서 유래했습니다. 별을 잃는 것, 곧 방향을 잃는 것이 재난입니다. 인생에서도 마찬가지입니다.

빛은 연소에서 시작된다

자연에서 빛을 만드는 방법은 하나입니다. 연소입니다. 산소가 충분할 때 일어나는 완전 연소는 맑은 푸른빛을 냅니다. 반대로 산소가 부족한 불완전 연소는 연기와 그을음만 남깁니다.

삶도 같습니다. 에너지를 태우되, 완전하게 태워야 합니다. 어설픈 열정은 연기만 남기고, 완전한 몰입은 빛을 남깁니다.

저는 제 안에 쌓이는 에너지를 제대로 태워 쓰기 위해 세 가지를 실천합니다.

첫째는 달리기입니다. 몸에 고여 있던 에너지를 움직임으로 태워 냅니다.

둘째는 독서입니다. 마음에 머물던 에너지를 사유로 밝힙니다.

셋째는 글쓰기입니다. 정신에 축적된 에너지를 언어로 연소시킵니다.

달리기, 독서, 글쓰기는 제 삶을 완전 연소로 이끄는 세 개의 불꽃입니다. 그 연소 과정에서 피어오르는 빛은 제가 나아갈 방향을 비춰 줍니다.

저는 "오늘 하루도 하얗게 불태웠다"라는 말을 좋아합니다. 그

것은 하루를 소진했다는 뜻이 아니라, 하루를 온전히 사용했다는 증표이기 때문입니다. 하루가 이렇게 완전 연소되는 상태, 저는 그것을 '하이high'라고 부릅니다. 하이는 들뜸이 아니라, 자신을 남김없이 태워 빛으로 남기는 삶의 방식입니다.

퇴직자가 어떻게 5년 만에 대학교수가 되었는가

저는 2020년 10월 1일 퇴직자가 되었습니다. 그리고 2025년 10월 1일, 대학교수가 되었습니다. 만약 퇴직 첫날의 저에게 "5년 뒤 당신은 교수가 됩니다"라고 말했다면, 저는 믿지 않았을 것입니다. 퇴직이 끝처럼 느껴졌고, 방향을 잃은 상태였습니다.

퇴직 이후 무너지는 사람들을 많이 보았습니다. 회사에서는 유능했던 이들이 반년 만에 급격히 늙어 갑니다. 자신감은 사라지고, 표정은 흐려집니다.

제 아버지도 그랬습니다. 퇴임 전에는 당당했지만, 퇴임 후에는 급격히 작아지셨습니다. 그 모습을 보며 저는 두려웠습니다. 나 역시 그렇게 되는 것은 아닐까. 그래서 무너지지 않겠다고 선택했습니다.

거창한 계획은 없었습니다. 대신 매일 두 발로 걷고 달렸습니다. 매일 책을 읽고, 매일 글을 썼습니다. 그것을 5년 동안 반복했습니다. 결과는 예상 밖이었습니다. 걷고, 달리고, 읽고, 썼을 뿐인데 삶의 방향이 바뀌었습니다. 그 변화의 핵심이 바로 '하이'였습니다.

하이는 높은 집중 상태입니다. 일정한 고통을 통과한 뒤 찾아오는 몰입의 경지입니다. 운동에서 경험하는 러너스 하이Runner's High, 깊은 독서에서 오는 리더스 하이Reader's High, 몰입 글쓰기에서 오는 라이터스 하이Writer's High. 이 세 가지는 따로 존재하지 않습니다. 몸이 깨어나면 생각이 맑아지고, 생각이 맑아지면 문장이 단단해집니다. 문장이 단단해지면 삶의 구조가 세워집니다.

왜 지금, 달리고 읽고 써야 하는가

하이는 우리 삶에 쌓인 찌꺼기를 비워 내는 일입니다. 무너진 삶을 다시 세우는 필수 조건이기도 합니다. 한마디로 말해, 하이는 '쾌변의 쾌감'입니다.

우리가 먹은 음식은 소화 과정을 거친 뒤 남은 찌꺼기는 배출되어야 합니다. 그 배출이 막히면 몸은 병들고, 잘 흘러가면 가벼워집니다. 몸이 가벼워질 때 느끼는 상쾌함, 그것이 바로 쾌변의 감각입니다. 저는 이 정화의 감각을 '하이'라고 부릅니다.

하이에는 세 가지가 있습니다. 몸의 하이, 마음의 하이, 두뇌의 하이입니다.

몸의 하이는 러너스 하이입니다. 두 발로 달리며 땀을 흘릴 때, 몸 안에 쌓인 피로와 독소가 빠져나갑니다. 마음의 하이는 리더스 하이입니다. 책을 읽으며 울고 공감하고 사유할 때, 마음속 응어리가 풀립니다. 두뇌의 하이는 라이터스 하이입니다. 생각을 글로 밀어 올릴 때, 머릿속 혼탁함이 정리됩니다.

달리기는 땀으로 비우고, 독서는 눈물로 비우며, 글쓰기는 언어로 비웁니다. 이렇게 몸과 마음과 두뇌에 남은 삶의 찌꺼기를 배출할 때, 삶은 다시 건강해집니다. 하이는 우리를 정화시키는 힘입니다. 그래서 우리는 매일 두 발로 달리고, 마음으로 읽고, 두뇌로 쓰는 일을 반복해야 합니다. 그 반복 속에서 우리는 러너스 하이, 리더스 하이, 라이터스 하이에 도달할 수 있습니다.

하이를 경험한 사람은 무너진 삶을 다시 세울 수 있습니다. 저는 그런 사람을 하이스트Highest라고 부릅니다. 하이스트는 세 가지 원칙을 지닌 사람입니다.

첫째, 하지 말아야 할 일과 해야 할 일을 분명히 구분합니다.
둘째, 멈춰야 할 것은 멈추고, 해야 할 것은 즉시 실행합니다.

셋째, 그 원칙을 매일 반복합니다.

단호한 차단과 꾸준한 지속이라는 이 단순한 원칙을 지키는 사람은 결국 밑바닥에서 정상으로 삶의 방향을 전환합니다. 하이는 감정의 도취가 아니라 삶을 비우고 세우는 구조입니다. 그리고 그 구조를 매일 실천하는 사람이, 결국 가장 단단한 사람이 됩니다.

100일 동안 달리고, 읽고, 쓰는 것이 삶을 어떻게 바꾸는가?

어느 날 저는 바쁘게 살고는 있었지만, 정작 성장하고 있지 않다는 것을 깨달았습니다. 정보는 많았지만 통찰은 부족했고, 말은 많았지만 제 언어는 아니었습니다. 그래서 딱 100일만 실험해 보기로 결심했습니다.

매일 아침 6킬로미터 달리기, 매일 30페이지 독서, 매일 2,000자 글쓰기였습니다. 처음 일주일은 힘들었습니다. 숨이 차고, 집중이 흐트러지고, 문장이 막혔습니다. 그러나 이상하게도 포기하고 싶은 날일수록 다음 날 아침 생각이 더 맑아졌습니다. 달리면 몸이 가벼워졌고, 읽으면 마음이 차분해졌으며, 쓰면 생각이 정리되었습니다.

100일이 지난 뒤, 저는 더 유명해지지도, 더 부유해지지도 않았습니다. 대신 저를 이기는 방법을 얻었습니다. 의지로 버티는 법이 아니라, 시스템으로 나를 끌어올리고, 삶을 구조적으로 바꾸는 방식을 배웠습니다.

하이는 삶의 고도를 높이는 일

이 책에서 말하는 하이는 기분이 좋은 상태가 아니라 삶의 고도를 끌어올리는 상태입니다. 달리기는 몸의 고도를, 독서는 마음의 고도를, 글쓰기는 사고의 고도를 올립니다. 저는 이 세 가지를 5년간 반복했고, 퇴직자에서 교수로 삶의 궤도를 바꾸었습니다.

이 책은 무언가를 강요하지 않습니다. 다만 딱 100일만, 달리고, 읽고, 써 보라고 제안합니다.

100일은 길어 보이지만 지나고 나면 짧습니다. 그러나 인생의 구조를 다시 설계하기에는 충분한 시간입니다. 당신도 하이와 함께 삶의 고도를 높이길 바랍니다. 그 고도를 스스로 발견하는 100일이 되기를 바랍니다.

차 례

프롤로그 하이, 무너진 삶을 다시 세우다 – 퇴직자에서 대학교수로 • 005

PART 1
러너스 하이 – 몸을 움직이자 삶의 방향이 달라졌다

1 달리기는 어떻게 내 삶을 바꿨을까

몸을 깨우는 달리기 • 021
삶의 기승전결은 달리기다 • 025

2 나는 오늘도 불편함을 선택했다

핑계는 의지가 아니라 습관이다 • 033
달리기를 막는 건 편안함에 길들여진 몸이다 • 037
유일한 출구는 내 몸에 있었다 • 041
재력보다 체력이라는 진실 • 044

3 고통은 피할 대상이 아니라 선택지다

그냥 해, 계속해, 끝까지 해 • 051
밀도 있는 삶으로 이끄는 러너스 하이 • 055
고통은 통과해야 사라진다 • 059

4 반복은 재능을 이긴다

세계적인 작가를 만든 하루의 리듬 • 067
뭐라도 해야 인생이 움직인다 • 073

5 100일 달리기, 러너스 하이를 넘어 삶을 재설계하다

의지가 아니라 구조를 고정하라 • 081
600킬로미터가 바꾼 다섯 가지 신체 변화 • 086

PART 2
리더스 하이 – 읽기 시작하자 인생의 기준이 달라졌다

1 얼어붙은 마음을 깨는 유일한 방법
자존감을 회복시키는 책 읽기 • 095
생각의 리듬을 만드는 법 • 099

2 하이는 고통 이후에 온다
고통은 나를 강하게 만든다 • 107
책 읽기는 어떻게 삶이 되는가 • 112
사람은 책식 동물이다 • 115

3 《데미안》으로 시작된 리더스 하이
처음 리더스 하이를 경험한 순간 • 123
리더스 하이에 이르는 독서 여정 • 130

4 리더스 하이 독서법
눈 이외에 손과 입, 뇌와 몸으로 읽어라 • 137
반복되는 리듬 독서법 • 141
뇌와 몸을 동시에 쓰는 독서 • 146

5 나는 책으로 세상을 본다
책은 삶을 바라보는 렌즈다 • 153
고전은 언제나 현재형이다 • 157

6 읽는 삶에서 바꾸는 삶으로
왜 책을 읽어야 하는가 • 165
리뷰는 삶을 편집하는 기술이다 • 171

7 100일 독서, 리더스 하이를 완성하다
삶의 구조를 바꾸는 마음 깨우기 • 179
마음을 단단하게 만드는 다섯 가지 변화 • 185

PART 3
라이터스 하이 – 쓰기 시작하자 전문가가 되었다

1 퇴직 이후 나를 살린 것은 글쓰기였다
쉽게 써지는 글은 없다 • 193
글쓰기에 대한 저항이 사라지는 순간 • 198

2 글쓰기는 삶의 문법을 바꾼다
삶을 가다듬는 가장 확실한 도구 • 205
많이 쓰는 사람이 결국 잘 쓴다 • 210

3 글쓰기는 나답게 살아가는 연습이다
글쓰기는 삶의 방식이다 • 219
그냥 써라, 그것이 전부다 • 224

4 기록이 책이 되는 순간
책은 혼자 쓰지만 혼자 완성할 수 없다 • 233
삶은 말이 되고, 말은 글이 된다 • 237

5 책을 쓰면 전문가가 된다
책을 완성했을 때 나는 마스터가 되었다 • 245
그래서 나는 이렇게 쓴다 • 251

6 100일 쓰기, 라이터스 하이에 도달하는 길
생각을 구조로 만드는 글쓰기 훈련 • 257
100일이 지나면 뇌는 어떻게 달라지는가 • 263

에필로그 나는 지금 어떤 고도에 서 있는가 • 267

PART 1

러너스 하이

– 몸을 움직이짜
삶의 방향이 달라쪘다

달리기는 몸으로 이 세상과 만나는 경험입니다. 그 경험이 무너진 삶을 다시 일으켜 세웁니다. 중요한 사실은 우리가 달릴 수 있는 만큼, 우리는 세상을 경험할 수 있다는 겁니다. 몸이 감당할 수 있는 근력의 한계만큼만 우리는 세계를 통과할 수 있습니다.

삶이 무너진 사람이 가장 먼저 해야 할 일은, 아침에 일어나 달리는 일입니다. 달리다 보면, 하이가 찾아옵니다. 다만 알아야 할 사실은 우리가 경험하는 러너스 하이의 크기는 결국 우리가 달릴 수 있는 거리만큼이라는 점입니다. 달릴수록 하이는 커지고, 하이가 커질수록 우리는 몸으로 세상과 만나는 경험을 확장합니다.

물론 하루아침에 믿기기 않는 성공을 거둔 사람들도 있을 것이다. 하지만 적
어도 내 주변에는 그런 사람은 없다. 나 역시 그런 사람이 아니다. 혼수상태
에 빠진 날부터 전미 대학 대표선수에 선출될 때까지 단 한 순간도 극적인
전환점이란 없었다. 오랜 시간 수많은 순간들이 지금의 나를 있게 한 전환점
이었다. 자잘한 승리들과 사소한 돌과 구들이 모여서 점진적인 발전이 이뤄
졌다. 내가 진일보하게 된 단 한 가지 방법이자 내가 선택한 유일한 방법은
작은 일에서 시작한다는 것이다.

제임스 클리어, 《아주 작은 습관의 힘》

1

달리기는
어떻게 내 삶을 바꿨을까

몸을 깨우는 달리기

　퇴직 다음 날 새벽, 1킬로미터쯤 걷다가 문득 달리고 싶어졌습니다. 서늘한 공기 때문이었을까. 특별한 이유는 없었고, 그냥 달렸습니다. 심장이 터질 것처럼 속도를 올려서 몸을 괴롭히고 싶었습니다. 밤새 나를 괴롭히던 생각들에, 몸으로 복수하고 싶었던 것 같습니다.

　그날 저는 정확히 어디까지 달렸는지도 기억나지 않습니다. 숨이 가빠서 숫자를 셀 여유도 없었고, 시계는 보지도 않았습니다. 다만 멈추고 싶을 때마다 스스로 이렇게 말했던 건 분명히 기억납니다.

　"조금만 더 가자. 이 고통을 이기고 싶다."

그때까지 저는 늘 생각으로 문제를 해결하려는 사람이었습니다. 퇴직 이후의 불안도, 미래에 대한 걱정도, 전부 머릿속에서 계산하고 정리하려 했습니다. 그러나 그날 새벽, 처음으로 머리로 풀 수 없는 문제가 있으며, 그런 문제는 몸으로 통과해야 한다는 것을 깨달았습니다.

그때는 그 의미 없는 달리기가 내 삶을 바꾸는 첫 행동이 될 줄은 몰랐습니다. 며칠, 몇 주가 지나면서 살아난 것은 몸이 아니라 마음이었습니다. 퇴직 이후 무너졌던 마음이 먼저 회복됐습니다. 마음이 살아나자 일상이 바로 세워졌습니다. 내가 한 일은 단 하나, 아침에 달린 것뿐이었습니다.

어느 날은 새벽 공기가 유난히 차가워 손이 얼어붙는 것 같았습니다. 장갑을 끼지 않은 채 달리다 보니 손끝 감각이 사라졌고, 숨을 들이쉴 때마다 폐가 찢어지는 느낌이 들었습니다. 그날은 유독 힘들어서 중간에 몇 번이나 멈출까 고민했습니다. 그런데 이상하게 몸이 괴로울수록 마음은 오히려 더 차분해졌습니다. 그 순간 저는 처음으로 '아, 내가 괴로워서 달리는 게 아니라, 평온해지려고 달리는구나'라는 생각을 했습니다.

중요한 건 거리나 기록이 아니었습니다. 매일 달렸다는 사실, 그리고 그 리듬을 끊지 않았다는 점이었습니다. 그 리듬은 이후 제가 어떤 일을 하든, 장기적인 일을 가능하게 만드는 기본값이 되었습니다. 제가 달린 진짜 이유입니다.

몸이 움직여야 생각도 움직인다

"몸이 움직이지 않으면 생각도 움직이지 않는다"라고 합니다. 달리기를 하기 전엔 이 문장이 추상적으로 느껴졌지만, 지금은 다르게 읽힙니다. 몸이 움직이지 않으면 생각은 정체되고, 감정은 고여 썩습니다. 반대로 몸이 먼저 움직이면, 생각은 따라오고 감정은 흐르기 시작합니다.

저는 2025년, 마음먹고 달리기를 했습니다. 섭씨 30도가 넘는 한여름에도, 폭우가 쏟아지는 날에도 매일 5킬로미터 이상 달렸습니다. 계절이 바뀌면서 공기가 달라졌고, 그 공기가 내 심장을 깨웠습니다. 몸이 깨어나는 순간, 뇌도 함께 깨어났습니다.

비 오는 날 달리다 보면, 신발 속으로 물이 스며들고 양말이 축축해집니다. 발바닥에 물집이 잡히고, 종아리는 묵직했습니다. 그런데도 집으로 돌아와 샤워를 하고 나면, 늘 세상에서 가장 복잡했던 머릿속이, 가장 단순해져 있다는 느낌이 들었습니다.

몸을 깨운다는 것은 곧 삶을 깨우는 일입니다. 삶이 무너질 때 우리는 흔히 마음부터 붙잡으려 합니다. 제 경험으로 보면, 마음은 몸보다 훨씬 고집이 셉니다. 말로는 설득되지 않고, 이성으로는 움직이지 않습니다. 그러나 몸은 다릅니다. 몸은 움직이면 바로 반응하고, 그 반응은 결국 마음까지 끌어옵니다.

그냥 달리면 됩니다. 가능하다면 이른 새벽에. 이유를 찾지 않아도 되고, 목표를 세우지 않아도 됩니다. 오늘 하루를 잘 살고 싶다면, 몸을 먼저 깨우면 됩니다. 그렇게 시작한 하루가 쌓이면, 삶은 조용히 그러나 분명하게 바뀝니다. 저는 그 사실을, 생각으로 이해한 게 아니라 숨이 차고 다리가 아픈 상태에서, 몸으로 먼저 배웠습니다.

삶의 기승전결은 달리기다

사자와 가젤 사이에는 자연의 질서에 속박된 생존의 법칙이 있습니다. 사바나에서 벌어지는 이들의 이야기는 자연의 원리를 설명하는 가장 유명한 사례입니다. 다들 알고 있을 겁니다. 사자는 굶주리지 않기 위해 달리고, 가젤은 잡아먹히지 않기 위해 달립니다.

겉으로 보기엔 약육강식의 장면일 뿐입니다. 하지만 이 이야기에는 더 단순하면서도 냉정한 진실이 숨어 있습니다. 살아 있는 존재는, 눈을 뜨자마자 달려야 한다는 사실입니다.

이 법칙은 사바나 초원에만 적용되는 특별한 규칙이 아닙니다. 흔히 동물이라 불리는 모든 생명체가 공유하는 숙명입니다. 동물의 생존 방식은 하나입니다. 가만히 있는 순간, 생존 확률은 급격히 떨어집니다.

그렇다면 인간은 다를까요. 우리는 자신을 문명인이라 부르지만, 몸의 구조는 여전히 동물과 같습니다. 심장은 스스로 뛰고, 근육은 움직이기 위해 존재하며, 신경계는 반응하도록 설계되어 있습니다. 인간 역시 움직이도록 만들어진 존재입니다.

다만 차이가 있다면, 현대인은 더 이상 사자를 피해 달릴 필요가 없다는 점입니다. 대신 우리는 책상 앞에 앉아 하루를 시작합니다. 침대에서 눈을 뜨자마자 스마트폰을 확인하고, 몸은 깨지 않은 채 머리만 먼저 하루를 엽니다.

문제는 여기서부터 시작됩니다. 몸은 움직이기를 원하지만, 삶의 방식은 계속 멈추라고 요구합니다. 그래서 현대인의 피로는 단순한 과로가 아니라, 움직이지 않아서 생기는 피로에 가깝습니다.

왜 달려야 하는가

정세희 작가의 《길 위의 뇌》에서 이런 구절이 나옵니다.

"우리가 당연하게 여기는, 그래서 가족들도 아무렇지 않게 생각하는 '화장실 정도 가는 것'은 사실 아주 대단한 능력이다."

혼자 화장실에 가려면, 단순히 적어도 15단계가 필요합니다. 가족에게는 '그저 작은 바람'일지 몰라도, 그 여정을 아는 사람에게는 도저히 가볍게 넘길 수 없는 능력입니다.

저에게는 두 아들이 있습니다. 아이들이 태어나 자라던 시간은 지금도 또렷합니다. 아기를 안고 있던 날에는 언제쯤 눈을 마주칠지 기다렸고, '아빠'라는 말을 처음 들었을 때는 그것만으로 세상을 다 가진 기분이었습니다. 밤마다 울고 먹고 싸는 시간을 반복할 때는 언제쯤 사람다운 모습이 될까 막막했지만, 놀랍게도 아이는 금세 뒤집고, 기고, 일어서며 성장했습니다. 스스로 대소변을 가리게 되었을 때 저는 '아, 이제 정말 사람이 되었구나'라고 생각했습니다.

그때는 우리가 아무렇지 않게 해내던 이 일이 얼마나 위대한 능력인지 몰랐습니다. 하지만 나이가 들수록 그 의미는 분명해집니다. 노화와 함께 찾아오는 뇌혈관 질환은 감각과 운동, 언어와 의식까지 서서히 무너뜨립니다. 그 결과, 혼자 먹고 걷고 화장실에 가는 가장 기본적인 일상조차 위태로워집니다.

젊을 때는 건강을 자신합니다. "건강할 때 지켜라"라는 말은 잔소리처럼 들립니다. 어른들의 대화가 늘 건강 이야기일 때, 저는 그렇게 살지 않겠다고 생각했습니다. 그러나 이제 곧 60대를 앞두고 삶에서 가장 위에 놓여야 할 가치는 결국 건강이라는 사실을 알게 되었습니다.

노화는 우리 몸과 마음을 다시 아이로 만들어 버립니다. 우리 몸의 노화를 되도록 늦추는 건강 관리가 필요합니다. 이를 위해 의식적으로 몸을 깨우는 가장 확실한 방법은 달리기입니다. 달리기는 몸과 마음의 속도를 늦추는 운동입니다. 저속 노화를 가능하게 하는 가장 단순하면서도 강력한 방법입니다.

몸의 건강을 잃으면 마음의 건강을 잃고, 결국 삶의 건강까지 무너집니다. 건강한 삶을 위한 최고의 선택은 재활이 아니라 예방입니다. 하루라도 더 젊을 때, 지금 이 순간에 시작하는 것. 그것이 우리가 할 수 있는 가장 현명한 자기 관리입니다.

달리기는 기본값을 회복하는 방식이다

사자와 가젤은 선택지가 없습니다. 달리지 않으면 죽지만, 인간은 선택지가 있습니다. 달리지 않아도 당장은 죽지 않습니다. 대신 천천히 무너집니다. 체력은 줄고, 집중력은 떨어지고, 삶의 리듬은 흐트러집니다.

달리기는 단순한 운동이 아니라, 몸의 원래 설계로 돌아가는 행위입니다. 문명이 만들어 낸 정지 상태에서 벗어나, 생명체로서의 기본값을 회복하는 방식입니다. 우리는 더 이상 사바나에 살지 않지만, 몸은 여전히 사바나의 논리로 작동합니다. 살아 있기 위해, 우리는 여전히 달려야 합니다. 다만 지금의 달리기는 생존을 위한 질주가 아니라, 자기 자신을 깨우기 위한 움직임입니다.

현대 사회에 와서는 뇌의 작동방식이 생존에 도움을 주기는커녕 해를 끼치는 경우가 잦아졌다. 오늘날의 사회 구조와 삶의 방식에 잘 부합하지 않게 된 것이다. 그러한 부적합성으로 인해 나타나는 문제를 잘 보여 주는 대표적인 예가 감정조절 장애와 만성통증과 같은 증상들이다. (중략) 당신만 불안하고 화나거나 무기력하게 우울해지는 것이 아니다. 당신만 여기저기 아픈 것도 아니다. 이는 전 세계 현대인의 공통적인 특징이다. 왜 이렇게 되었을까?

김주환, 《내면소통》

2

나는 오늘도
불편함을 선택했다

핑계는 의지가 아니라
습관이다

유독 현대인에게 몸과 마음의 병이 많습니다. 특히 오십 이후, 퇴직을 전후로 그 증상은 더 깊어집니다. 그 이유는 우리 삶의 방식에 있습니다. 우리 몸의 구조는 1만 년 전의 정글 속 원시인의 몸 그대로입니다. 하지만 우리가 살아가는 환경은 고도로 발달한 도시 문명입니다. 원시인의 몸으로 도시 문명의 환경 속을 살아가는데서 나타나는 문제입니다. 유전자는 거의 변하지 않았는데, 환경만 급격하게 변한 겁니다. 그 결과, 우리 몸의 작동 체계는 이 변화를 따라가지 못하고 있습니다. 이는 의지의 문제가 아니라 부적응의 결과입니다.

우리 몸은 걷고 달려야만 제 기능을 회복할 수 있습니다. 이 사실을 우리는 이미 알고 있습니다. 달리고 난 뒤의 기분이 침대 위에서 무기력하게 시간을 보냈을 때보다 훨씬 낫다는 것도 경험으로 알고 있습니다. 그런데도 우리는 결심은 하지만, 운동화를 신고 밖으로 나가지 않습니다.

달리기를 하지 않는 사람들의 변명

좋다는 것을 다 알면서, 우리는 왜 달리기를 하지 않는 걸까요?

이유도 참으로 다양합니다. 몸이 따라 주지 않아서, 마음의 부담이 커서, 연습이 부족해서. 달리지 않는 사람들은 저마다 그럴듯한 이유를 내놓습니다. 그러나 자세히 들여다보면, 그 이유는 대부분 하지 않기 위한 변명에 가깝습니다. 우리는 달리기가 좋다는 사실을 모르는 게 아니라, 문제는 알고도 움직이지 않는 삶의 습관에 있습니다.

가장 흔한 첫 번째 변명은 신체적 한계입니다. 무릎 관절이나 발바닥, 발가락 통증 같은 부상이 걱정되어서 못 한다는 겁니다. 그 다음으로는 체중 문제를 이야기합니다. 조금만 달려도 다리 피로나 심리적 압박 때문에 달리기를 꺼린다는 분들도 있습니다.

두 번째는 시간 부족입니다. 한마디로 '바쁘다'입니다. 달리기가 꼭 필요한 4050에게 주로 나오는 변명입니다. 월말이라 마감 때문에 바쁘다. 이번 프로젝트가 중요해서, 시급한 일이 갑자기 생겼다, 마음에 여유가 없다 등등 바쁜 이유는 널려 있습니다. 이런저런 이유가 달리기의 발목을 잡고 있습니다. 저는 시간을 변명의 이유로 대는 사람들과 이야기하면서 깨달은 사실이 하나 있습니다. 바쁘다는 말은 시간이 부족하다는 뜻이 아니라 달릴 마음이 없다는 고백일지도 모른다는 것이었습니다.

세 번째는 체력 부족입니다. 체력 부족의 원인은 피로감을 말하곤 합니다. 일과 사람에 치이다 보니, 체력적으로 한계를 느낄 정도로 하루하루가 피곤하다고 합니다.

네 번째 이유는 조건을 기다리기 때문입니다. 겨울이라 추워서 봄부터 하겠다는 사람, 여름에는 일사병이 걱정된다며 가을을 기다리는 사람, 몸무게가 80킬로그램이 넘으니 관절에 무리가 갈 것 같아 살을 빼고 나서 뛰겠다는 사람, 달리기에 대한 지식이 부족하다며 공부부터 하겠다는 사람도 있습니다. 그러나 그런 사람들에게 달리기에 알맞은 순간은 좀처럼 오지 않을 겁니다. 달리기는 조건이 갖춰질 때 시작하는 운동이 아닙니다. 결심이 먼저이고, 환경은 그다음입니다.

다섯 번째 이유는 시작을 미루기 때문입니다. 많은 사람이 시작할 '적절한 타이밍'을 찾지 못했다고 말합니다. 시작이 반이라는 사실을 잘 알면서도, 정작 그 첫걸음을 떼지 못합니다. 아침에 일찍 일어나 달리려 했지만 잠에서 깨지 못했고, 오늘부터 하려 했는데 아내가 아프거나 갑작스러운 업무가 생겼다 등의 이유로 그렇게 하루가 미뤄지고, 하루는 다시 다음 날로 넘어갑니다.

달리기를 가로막는 것은 시간이 아니라 핑계를 만드는 습관입니다. 우리는 달리기가 힘들어서 안 하는 게 아니라, 안 하기로 이미 마음먹은 뒤, 이유를 덧붙이고 있는 것뿐입니다.

달리기는 특별한 행동이 아닙니다. 우리가 아침에 일어나 양치질하듯이 해야 할 기본값입니다. 양치질할 때 "오늘은 피곤해서 안 할까?" 고민하지 않듯이, 달리기도 그렇게 하면 됩니다. 변명 뒤에 숨지 마세요. 그냥 달려 나가세요. 생각이 바뀌어서 움직이는 게 아니라, 움직인 뒤에 생각이 바뀝니다.

달리기를 막는 건
편안함에 길들여진 몸이다

편안함에 길들여진 몸을 흔들어 깨우는 일은 생각보다 어렵습니다. 그래서 저는 몸을 깨우기 전에 먼저 마음을 깨워 보자고 결심했습니다. 추석 연휴, 박차고 일어서자마자 책을 집어 들었습니다. 읽고 있던 책은 《편안함의 습격》이었습니다. 마음에 각성이 필요하다고 느꼈기 때문입니다.

그 책에서 가장 인상 깊었던 문장은 이것이었습니다.

"마음보다 먼저 몸을 불편하게 하라."

우리는 삶을 너무도 극단적인 편안함 위에 올려두고 살아갑니다. 침대에서 눈을 뜨자마자 스마트폰을 확인하고, 엘리베이터를 타고 내려가, 의자에 앉아 하루를 보냅니다. 몸의 관점에서 보면,

현대인의 하루는 거의 움직임이 없는 시간에 가깝습니다.

제가 달리기를 시작한 것도 바로 이 '몸의 편안함'에서 벗어나기 위해서였습니다. 편하게 누워 있는 나를 일으켜 세우는 방법이 필요했고, 그 수단으로 달리기를 선택했습니다. 달리기는 가장 짧은 순간에 불편함을 주고, 가장 오랫동안 불편함을 유지할 수 있는 행동이라 생각했습니다.

사실 하루를 보내며 읽고 쓰는 것만으로는 어딘가 부족하다고 느끼던 시기였습니다. 머리는 많이 쓰고 있었지만, 몸은 거의 쓰지 않고 있었습니다. 그 빈틈을 채워 줄 것이 달리기라고 믿었습니다. 생각만으로는 채워지지 않는 무엇이, 몸의 움직임 속에 있을 것 같았습니다.

편안함을 기본값으로 설정한 몸의 습관

무라카미 하루키는 《내가 달리기를 말할 때 하고 싶은 이야기》에서 달리기를 '선택 사항으로서의 고통'이라고 표현합니다. 그 문장을 읽는 순간, 저는 바로 달리고 싶어졌습니다. 고통을 피하는 대신, 고통을 선택하는 삶. 그 말이 지금의 제 상태를 정확히 찌르는 것 같았기 때문입니다.

달리기는 우리의 일상적인 신체 활동이 아닙니다. 걷기와는 차원이 다릅니다. 걷기는 항상 두 발 중 한쪽이 지면에 닿아 있지만, 달리기는 두 발이 동시에 공중에 뜨는 순간이 있습니다. 착지할 때의 충격도 훨씬 큽니다. 걷기는 체중 일부만 부담하지만, 달리기는 체중 이상의 충격을 온몸으로 받아 냅니다. 그래서 달리기는 몸에 불편함을 줍니다. 심장은 빠르게 뛰고, 숨은 차오르고, 다리는 무거워집니다. 바로 그 점 때문에 달리기는 편안함에 길들여진 몸을 가장 직접적으로 흔들어 깨우는 행위입니다.

사람들은 산책은 좋아하지만 달리기는 싫어합니다. 산책이 5킬로미터여도 크게 부담을 느끼지 않습니다. 하지만 같은 거리를 달리라고 하면 대부분 고개를 절레절레 흔듭니다. 이유는 단순합니다. 몸이 받아들일 수 없는 고통으로 인식되기 때문입니다.

여기서 중요한 건, 우리가 흔히 말하는 '귀찮다'라는 감정의 실체입니다. 그것은 의지의 문제가 아니라, 몸의 저항에 가깝습니다. 몸이 불편해지는 상황을 본능적으로 피하려는 반응입니다. 그래서 우리는 늘 "오늘은 너무 피곤해서", "내일부터 해야지"라고 말합니다.

이 말들은 모두 핑계처럼 들리지만, 실제로는 몸의 상태를 그대로 반영한 언어입니다. 편안함에 익숙해진 몸이, 불편함을 거부하는 방식입니다. 다시 말해, 달리기를 가로막는 것은 환경도, 시간도 아니라, 편안함을 기본값으로 설정해 버린 몸의 습관입니다.

달리기는 의지를 단련하는 운동이기보다, 몸의 기준을 다시 설정하는 훈련에 가깝습니다. 몸에게 "불편해도 괜찮다", "지금 당장 편하지 않아도 된다"라고 말합니다. 그 말을 반복해서 들려주는 동안, 신기하게도 핑계는 점점 줄어듭니다. 이유를 만들어 내던 머리보다, 먼저 움직이는 몸이 생기기 시작합니다. 결국 달리기는 체력을 키우는 일이 아니라, 편안함에 길든 삶의 리듬을 되돌리는 작업입니다.

유일한 출구는 내 몸에 있었다

출구를 찾을 수 있는 유일한 방법이 계속 걷는 것뿐인 곳은 남극입니다. 남극을 횡단하겠다고 결심하는 사람은, 솔직히 말해 정상 범주를 벗어나 있습니다. 인간이 견딜 수 있는 환경의 끝점이기 때문입니다.

그 극단의 환경을 스스로 선택한 사람이 있습니다. 남극 횡단 탐험가 김영미 대장입니다. 우연히 tvN 예능 프로그램 〈유 퀴즈 온 더 블록〉에서 그의 인터뷰를 보며 나는 내 삶을 돌아보게 되었습니다. 왜 어떤 사람은 한계를 향해 걷고, 우리는 쉽게 멈출까요.

김영미 대장은 남극 1,700킬로미터 이상을 무동력으로, 단독 횡단했습니다. 2024년 11월 8일 출발해 69일 8시간 만에 도보와

스키로 완주했습니다. 누구의 도움도 없이, 오직 혼자서였습니다.

환경은 처참합니다. 영하 30도의 혹한, 살을 에이는 바람, 100킬로그램이 넘는 썰매, 20일 치 식량으로 70일을 버텨야 하는 조건. 남극 횡단은 거리를 넘는 일이 아니라, 극한의 자연환경과 인간의 한계를 극복하는 도전의 상징입니다.

그는 인터뷰에서 남극 횡단의 어려움을 다음 세 가지로 정리했습니다.

첫째, 무방향. 끝없는 설원에서는 방향 감각이 사라집니다.

둘째, 무동력. 모든 선택과 책임을 혼자 감당해야 합니다.

셋째, 무념. 생각을 멈추고, 그저 걷는 것만이 살아남는 방법입니다.

언젠가 우리 삶은 한 번쯤 남극 같은 극단에 떨어지게 됩니다. 그곳에서는 남극 같은 인고의 상황을 경험한 사람만이 생존할 수 있습니다. 이것이 우리가 달리기를 해야 하는 이유입니다. 달리기를 통해 극단의 상황에서도 무너지지 않는 내성을 몸에 새길 수 있기 때문입니다.

삶은 앞을 향해 설계되어야 한다

인생에는 반드시 시련이 옵니다. 그런 때에 무엇보다 먼저 살아 남아야 합니다. 생존하지 못하면 그다음은 존재하지 않습니다. 지금 어떤 자세로 살고 있는지가 중요하며, 삶은 무조건 앞으로 나아가는 방향으로 설계해야 합니다. 하루쯤은 괜찮겠지 하는 양보가 반복되면, 어느 순간 바닥에 내려앉을 수 있습니다. 오늘 달리지 않으면 내일은 걷게 되고, 걷다 보면 앉게 되며, 결국 눕게 됩니다. 편안함을 택하는 마음은 사람을 가만히 놓아두지 않고, 끝까지 끌어내립니다.

삶은 이 악순환에서 벗어나는 일입니다. 힘들다고 느껴질 때 부리는 엄살은 대부분 배부른 투정입니다. 자신을 단련하지 않으면 삶은 서서히 죽음 쪽으로 기울 수밖에 없습니다.

재력보다 체력이라는 진실

윤태호 작가의 《미생》에서 '체력'의 중요성을 말해 주는 장면이 있습니다. 바둑의 스승이 어린 제자에게 그냥 앉아서 하는 바둑에서 체력을 기르라고 조언합니다. 그 스승의 조언을 나이 오십의 퇴직자의 언어로 바꾸어 보았습니다. 퇴직자들에게 이렇게 말해 주고 싶습니다.

여러분이 무언가를 이루고 싶다면. 체력을 먼저 길러야 합니다. 대개 게으름, 나태, 권태, 짜증, 우울, 분노 등은 모두 체력이 버티지 못해서 생깁니다. 이것들은 정신이 몸의 한계로 인해서 무너지는 현상입니다. 정신이 퇴직 이후의 승부에서 버틸 수 있는 체력을 키워야 합니다. 체력은 집중의 시간을 지속하는 힘입니다.

대부분 퇴직자들은 초반에는 견디지만, 시간이 지날수록 쉽게 무너집니다. 그 이유는 체력입니다. 상처를 입은 뒤 회복이 더딘 것도, 실수 후 다시 일어서지 못하는 것도 결국 체력의 문제입니다. 인내심이 떨어지고 피로가 쌓이면, 승부의 시간을 견디지 못합니다. 그러다 보면 승부 자체를 포기하게 됩니다. 퇴직 이후에 필요한 정신력은, 체력이라는 토대 없이는 공허한 말에 불과합니다. 무엇을 이루고 싶다면 가장 먼저 체력을 길러야 합니다.

체력의 역할

우리는 신체 활동을 중요하게 여기지 않는 문화 속에서 자라 왔습니다. 좋은 성적, 좋은 대학, 좋은 직장이라는 경쟁 구조 속에서 직접적인 도움이 되지 않는 것은 늘 뒤로 밀렸습니다. 그렇게 삶의 우선순위는 '지덕체'가 되었습니다. 그러나 삶의 실제 순서는 다릅니다. '체덕지'가 맞습니다. 건강한 몸이 먼저이고, 그 위에 마음과 정신이 올라섭니다.

퇴직 이후 체력을 기르는 자세로 가져야 할 것은 한 걸음씩 가겠다는 마음입니다. 오십 이후의 성장은 곱셈이 아니라 덧셈입니다. 하루에 하나씩 더하는 방식으로, 더디게 그러나 꾸준히 쌓아야 합니다.

체력은 우리 삶에 다양한 역할로 도움을 줍니다. 보통 세 가지 역할을 합니다. 자기계발을 멈추지 않게 하고, 좋은 습관과 깊은 몰입을 지속시키며, 인간관계의 폭을 넓혀 줍니다. 몸은 영혼의 유일한 안식처이고, 체력은 그 안식처를 지키는 힘입니다.

체력을 기르기 위해 해야 할 일

체력을 기르기 위해 가장 먼저 해야 할 일은 식단 관리입니다. 자극적인 음식, 과식, 인스턴트 식품을 피해야 합니다. 다음은 운동 관리입니다. 노후에는 재테크보다 근테크가 중요합니다. 운동은 스트레스를 해소하고 뇌를 활성화합니다. 사람은 늙어서 운동을 그만두는 것이 아니라, 운동을 그만두기 때문에 늙어 갑니다. 마지막은 수면 관리입니다. 숙면은 회복의 기본이며, 낮의 생활 습관이 밤의 잠을 결정합니다.

퇴직 이후 필요한 체력의 기준이 있습니다. 체력 테스트를 위한 최고 방법은 90분간 멍때리기입니다. 아무것도 하지 않고 90분을 버틸 수 있다면, 집중을 지속할 수 있는 기본 체력을 가진 것입니다. 체력이란, 하고 싶은 일을 끝까지 지속하는 힘입니다. 우리가 마주하는 대부분의 한계는 의지의 부족이 아니라, 결국 체력의 부족에서 비롯됩니다.

퇴직 이후 우리를 다시 빛나게 하는 힘은 여섯 가지입니다. 체력, 재력, 능력, 창의력, 구력, 자력. 이 가운데 체력과 재력은 기본이며, 체력은 그중에서도 가장 먼저 갖춰야 할 힘입니다.

지치면 지는 겁니다. 미치면 이기는 겁니다. 그리고 삼독해야 이루어집니다.
삼독이란 지독, 중독, 고독입니다. 지독하게 중독되어 고독한 길을 가다 보면
생각지도 않은 기회가 오게 됩니다.

가수 싸이

3

고통은 피할 대상이 아니라
선택지다

그냥 해, 계속해, 끝까지 해

가수 싸이처럼, 오랫동안 지치지 않고 무대 위에서 미친놈처럼 춤추고 노래하는 광기를 보여 주는 방법은 단 하나입니다. 처음엔 어설프게 그냥 하는 것입니다. 이런저런 복잡한 생각을 다 집어치우고 그냥 하는 것, 이외에는 프로가 되는 방법이 없습니다. 그냥 하다가 보면, 그 자체로 즐거움이 솟아나고 그렇게 미친놈처럼 해 나가는 겁니다. 그러면 싸이처럼 지독하게 미친놈처럼 날뛰면서 프로처럼 하게 됩니다. 그런 시간이 계속되다 보면 그 일에 어느새 중독자가 됩니다. 일단 중독이 시작되면, 누가 말려도 손발이 묶인 듯 그 일을 멈출 수 없게 됩니다.

처음에 그냥 하는 것이 가장 힘든 고독한 싸움입니다. 평범한 범인이 뛰어난 위인이 되는 유일한 방법은 처음엔 그냥 하는 겁니다. 그 외에 길은 없습니다. 달리기도 마찬가지로 처음엔 그냥 달리는 겁니다. 그렇게 시작해서 매일 달립니다.

누구나 달리기라는 가장 평범한 일을 매일매일 지속해서 하다가 보면 삶의 위대한 변화를 체감할 수 있습니다. 우선 처음에 3일이 되고, 다음에 30일이 되고, 그다음에 300일이 되고, 또 그다음에 3,000일이 되는 순간, 삶 그 자체는 차원이 다르게 위대해집니다. 이때쯤엔 뭐가 되어도 됩니다. 그것이 반복이 주는 힘이고, 달리기가 주는 힘입니다.

저는 '해'라는 발음이 들어간 단어들을 아주 좋아합니다. 목구멍을 울리며 힘주어 "해"라고 발음하면, 그 소리만으로도 에너지가 폭풍처럼 일어납니다. 그래서 아침에 잠에서 깨어나자마자 목청을 높여 말합니다.

"오늘도 그냥 해."

'해'에는 사전적으로 세 가지 의미가 있습니다.

첫째는 태양을 뜻하는 '해'입니다. 해는 빛의 근원이자 세상에 에너지를 공급하는 존재입니다. 해가 없었다면 지구에는 생명도 없었을 것입니다. 해는 에너지의 근원이면서 동시에 생명의 근원입니다.

둘째는 시간을 뜻하는 '해'입니다. '올해', '햇수', '해마다'라는 말처럼 해는 시간의 단위입니다. 인류는 해가 뜨고 지는 반복 속에서 시간의 개념을 만들었고, 그로 인해 삶의 마디가 생겼습니다. 저는 이 시간의 단위로서의 '해'를 좋아합니다. 해가 있었기에 유한성을 자각할 수 있었고, 그 덕분에 삶의 본질을 깨닫게 되었습니다. 우리의 삶 또한 유한합니다.

셋째는 행동을 뜻하는 '해'입니다. 이때의 해는 결과물을 만드는 행동의 주체입니다. 사람들 사이에서 흔히 말하는 유일한 성공의 법칙도 결국 이 '해'에 귀결됩니다.

그냥 해 보는 것에서 성공은 시작된다

성공하고 싶다면, 그냥 해야 합니다. 이 말을 영어로 옮기면, 승리를 부르는 신발 광고의 슬로건으로 유명한 '저스트 두 잇 *just do it*'입니다. 일단 해, 그냥 해, 닥치는 대로 해, 우직하게 해, 계속해, 끝까지 해 등등의 '해'가 성공으로 이끌어 줍니다.

이론은 절대로 실행을 따라갈 수 없습니다. 성공은 위대한 이론이 만들어 내는 것이 아니라 우직한 실천이 만들어 낸 결과물입니다. 성공의 법칙은 '해'라고 시작해서, '끝까지'라고 쓰고 마침표를 찍는 겁니다.

이처럼 ‘해’는 단순한 말이 아닙니다. 생명의 에너지로서의 해, 유한성을 일깨우는 시간으로서의 해, 그리고 우리 삶에 활력을 불어넣는 행동으로서의 ‘해’입니다. 물론 제가 가장 좋아하는 것은 행동으로서의 ‘해’입니다. 특히 이 말, “그냥 해!”에는 마치 싸이가 무대 위에서 광기를 폭발시키듯, 설명할 수 없는 추진력이 담겨 있습니다.

제가 만난 성공한 사람들 역시 예외 없이 이 힘을 알고 있었습니다. 성공과 행복이 함께 있는 곳으로 가는 가장 빠른 길은 오직 하나, 그냥 하는 것입니다.

성공과 행복은 치열하게 계산하는 사람에게가 아니라, 묵묵히 그냥 하는 사람에게 우연처럼 찾아오는 선물입니다. 우리 삶에 가장 중요한 원칙은 단 하나입니다.

“그냥 해, 계속해, 끝까지 해.”

밀도 있는 삶으로 이끄는
러너스 하이

달리다 보면, 달리는 사람만이 느낄 수 있는 즐거움이 찾아옵니다. 우리는 그것을 '러너스 하이'라고 합니다. 러너스 하이란 장거리 달리기를 하는 사람들이 경험하는 일종의 도취 상태입니다. 이 용어는 미국의 심리학자인 A.J. 맨델이 1979년 발표한 논문에서 처음 사용되었습니다. 운동 중 외부 자극과 신체적 스트레스가 결합되며 나타나는 행복감을 말합니다.

러너스 하이를 경험한 사람들은 이렇게 말합니다. 마치 구름 속을 달리는 것 같다고, 꿈속을 달리는 기분이라고. 저 역시 그 순간을 기억합니다. 춘천마라톤에 참가했을 때 35킬로미터 지점쯤에서 더는 한 발짝도 내디딜 수 없을 만큼 극한의 고통이 몰려왔고,

그 순간이 지나고 나니 러너스 하이를 경험했습니다.

과학자들은 이 현상이 호르몬 작용에서 비롯된다고 말합니다. 그중 가장 유력하게 언급되는 물질인 엔도르핀endorphin은 체내에서 생성되며 모르핀과 유사한 진통 작용을 하는 내인성 물질로 'endogenous(내인성의)'와 'morphine(모르핀)'의 합성어에서 유래된 용어입니다. 엔도르핀은 산소를 충분히 사용하는 유산소aerobic 상태에서는 크게 증가하지 않다가, 운동 강도가 높아져 산소가 부족해지는 무산소anaerobic 상태에 이르면 급격히 분비됩니다. 또한 신체적 고통이나 심리적 충격을 받을 때도 분비되는 것으로 알려져 있습니다. 다시 말해, 엔도르핀은 스트레스를 조절하기 위한 인체의 자기 방어 호르몬입니다. 이 호르몬이 작동하는 순간, 달리기의 고통은 잠시 하늘을 나는 듯한 즐거움으로 바뀌게 됩니다.

러너스 하이의 본질은 '쾌감'이 아니라 '정리'다

러너스 하이라고 하면 흔히 어떤 황홀한 쾌감이 찾아오는 장면을 떠올릴 수 있습니다. 그러나 제가 경험한 러너스 하이는 조금 달랐습니다. 달리기 시작한 지 20분쯤 지났을 때, 신기한 순간이 찾아옵니다. 숨은 가쁘지만 고통스럽지 않고, 몸은 움직이는데 생각은 점점 단순해지는 겁니다. 온종일 머릿속을 떠다니던 잡생각들이 하나둘 정리되기 시작합니다. 마치 어지럽게 흩어져 있던 파일들이 제자리를 찾아가는 느낌이었습니다. 이때 중요한 것은 기분이 좋아졌다는 사실이 아니라, 몸, 생각, 감정이 같은 방향을 바라보기 시작했다는 점입니다.

우리는 평소에 몸은 쉬고 싶어 하는데, 머리는 조급해지고 감정은 불안한데, 이성은 괜찮은 척 버틸 때가 많습니다. 이런 불일치한 상태가 쌓이면 삶은 점점 소음으로 가득 차게 됩니다. 그런데 달리기는 이 불일치를 강제로 맞춰 줍니다. 몸을 움직이면 생각이 따라오고, 생각이 정리되면 감정도 뒤따라 정돈됩니다.

이렇게 정돈된 상태에서 삶을 바라보면, 많은 것이 달라집니다. 해야 할 일과 하지 않아도 될 일이 구분되기 시작하고, 삶의 우선순위가 자연스럽게 떠오릅니다. 제가 달리기를 멈추지 않는 이유도 여기에 있습니다. 삶을 다시 제자리로 돌려놓는 가장 확실한 방법이기 때문입니다.

초보자가 달리기를 통해서 러너스 하이를 경험하고 싶다면 운동의 강도 조절이 중요합니다. 처음부터 몸에 무리하게 달리기보다는 점차 달리는 거리와 시간을 늘려 가는 것이 중요합니다. 운동 전문가들은 심장 박동수는 1분에 120회 이상으로 약 30분 정도 달리다 보면 러너스 하이를 느낄 수 있다고 말합니다. 초보자가 처음부터 무리하게 달리면 러너스 하이 대신 극심한 고통을 느낄 수 있고, 또한 건강에도 좋지 않으니 피해야 합니다. 조급하게 생각하지 말고 천천히 자기 페이스로 달리기를 하는 것이 중요합니다.

그러다가 어느 순간 자기도 모르게 러너스 하이를 한 번 경험하게 되면 그로 인해서 달리기에 중독됩니다. 결국 의지가 아니라 러너스 하이에 빠져서 자연스럽게 달리기를 하게 됩니다. 그렇게 하루도 빠짐없이 매일 달리다 보면, 러너스 하이가 그날 하루를 밀도 있게 살도록 이끌어 줍니다.

고통은 통과해야 사라진다

하루키가 달리기를 말할 때 하고 싶었던 이야기가 무엇이었을까요? 그 한마디를 찾고 싶었습니다. 그리고 서문을 읽는 순간, 마침내 그 문장을 발견했다고 느꼈습니다. 바로 '선택 사항으로서 고통'입니다. 이 '선택 사항으로서 고통'이 하루키가 달리기를 말할 때 하고 싶은 이야기입니다.

달리기는 하루키에게 '선택 사항으로서 고통'이었습니다. 그가 전업 작가로서 맨 처음에 직면한 심각한 문제는 건강 유지, 즉 체력이었습니다. 저도 글을 쓰다 보면 두세 시간 만에 탈진에 가까운 피로를 느낍니다. 처음에는 정신적인 에너지 소모라고만 여겼는데, 시간이 지나면서 뇌 또한 신체 일부분이라는 사실을 깨달았습니다. 몸의 체력이 떨어지면서 정신의 체력인 집중력도 함께 무너진 겁니다.

몸의 근육이든 정신의 근육이든 원리는 같습니다. 스스로 선택한 고통만이 근육을 단련시킵니다. 보디빌더가 근육을 단련하기 위해 근섬유가 끊어질 정도의 무게를 들어 올리듯, 정신 역시 선택된 고통을 통해 강화됩니다. 육체에 가한 고통은 정신으로 확장되고, 그렇게 단련된 정신의 근력은 오랜 시간 집중하는 힘이 됩니다. 하루키에게 달리기는 바로 그 통로였습니다. 그는 몸을 통해 정신을 단련했고, 그 방법으로 달리기를 선택했습니다. 이것이 하루키가 달리기를 시작한 첫 번째 이유입니다.

두 번째 이유를 말하는 문장은 바로 이 한마디로 압축됩니다.

"적어도 최후까지 걷지는 않았다."

달리기는 인생과 닮았습니다. 인생도 기록이나 순위는 중요하지 않습니다. 또한 달리는 모습이나 달리는 나를 어떻게 평가하는지는 중요하지 않습니다. 한 사람의 러너로서 중요한 것은 하나입니다. 유일하게 결승점까지 본인의 두 발로 끝까지 걷지 않고 완주하는 겁니다. 달리는 데 온 힘을 다하는 겁니다. 최후까지 포기하지 않는 겁니다. 인생도 마찬가지입니다.

하루키는 이렇게 말합니다.

"참을 수 있는 한 참았다고 나 자신을 이해시킨다. 그 과정에서 사소한 것이라도 좋으니 되도록 구체적인 교훈을 하나씩 배워 나간다."

그는 삶의 여정을 마무리한 뒤 자신의 묘비명에 이렇게 적히길 바란다고 했습니다.

"무라카미 하루키 작가(러너), 적어도 끝까지 걷지는 않았다."

하루키는 달리는 동안 사고의 굴레가 벗겨진다고 말합니다. 한계에 가까워질수록 숨은 가빠지고, 온몸이 땀으로 젖으며 머릿속은 점점 비어 갑니다. 그 빈 머릿속에 새로운 생각이 채워지고, 삶의 활기와 희열이 채워지게 됩니다. 두 발이 몸을 지지할 수 있는 한 계속 달린다는 것, 그것은 그의 에세이이자 소설이며 삶 그 자체입니다. 하루키가 달리는 이유입니다. 그 이유로 달렸던 하루키는 달리는 동안에 그 이유마저 잊어버리고 달리기와 하나가 되었던 겁니다.

그가 달리기를 통해 전하는 메시지는 '고통은 선택할 수 있고, 포기는 선택하지 않아도 된다는 것'입니다. 하루키를 평가한다면 이렇게 말하고 싶습니다. 글쓰기를 '선택 사항으로서의 고통'으로 기꺼이 받아들였고, 삶에서는 '적어도 끝까지 걷지는 않았다'라는 점에서 그의 삶은 위대합니다. 물론 하루키는 이런 평가 따위에는 전혀 신경 쓰지 않겠지만 말입니다.

몸으로 체험하는 삶의 행복감

달리기에 관한 흥미로운 사실이 있습니다. 달리기는 고통만 주지 않습니다. 쾌락도 함께 줍니다. 일정 거리를 지나면 몸에서 설명하기 어려운 즐거움이 솟아납니다. 앞서 언급한 '러너스 하이'라고 부르는 상태로 신체적 반응뿐 아니라 스트레스를 줄이는 심리적 효과도 함께 작용합니다. 결국 달리기를 통해 우리는 삶의 행복감을 몸으로 체험하게 됩니다. 이 사실을 아는 것만으로도 달리기를 바라보는 시선은 달라집니다.

신영복 선생의 《감옥으로부터의 사색》에는 이런 구절이 있습니다.

> 저는, 각자가 저마다의 삶의 터전에 깊숙이 발목 박고 서서 그 '곳'에 고유한 주관을 더욱 강화해 가는 노력이야말로 객관의 지평을 열어 주는 것임을 의심치 않습니다. 이 경우 가장 중요한 것은 그 '곳'이, 바다로 열린 시냇물처럼, 전체와 튼튼히 연대되고 있어야 한다는 사실입니다. 그러므로 사고의 동굴을 벗어나는 길은 그 삶의 터전을 선택하는 문제로 환원될 수 있다고 생각됩니다.

신영복 선생의 말처럼, 사고의 동굴을 벗어나는 길은 삶의 터전을 선택하는 일에서 시작됩니다. 제게 달리기는 사고의 굴레를 벗어나 삶의 터전에 두 발을 내리는 행위였습니다.

처음에는 행복한 마음을 찾기 위해 달렸습니다. 어제까지는 그 행복을 유지하기 위해 달렸지만, 오늘은 다릅니다. 삶의 터전에 뿌리내린 두 발이 나를 저절로 달리게 합니다. 이제 달리는 순간에는 고통과 기쁨조차 구분되지 않습니다. 생각의 굴레가 사라지고, 나는 그저 달리고 있는 삶 자체가 됩니다.

만약 바쁘다는 이유만으로 달리는 연습을 중지한다면 틀림없이 평생 달릴 수 없게 되어 버릴 것이다. 계속 달려야 하는 이유는 아주 조금밖에 없지만 달리는 것을 그만둘 이유라면 대형트럭 가득히 있기 때문이다. 우리에게 가능한 것은 그 '아주 적은 이유'를 하나하나 소중하게 단련하는 일뿐이다. 시간이 날 때마다 부지런히 빈틈없이 단련하는 것.

무라카미 하루키, 《달리기를 말할 때 내가 하고 싶은 이야기》

4

반복은 재능을 이긴다

세계적인 작가를 만든 하루의 리듬

저는 무라카미 하루키를 좋아합니다. 그의 소설뿐만 아니라, 삶의 방식 자체를 존경합니다. 오래전부터 하루키의 삶을 닮고 싶었습니다. 아니 모방을 넘어, 그의 하루를 훔치고 싶었습니다.

하루키의 생활 방식은 잘 알려져 있습니다. 거의 매일 10킬로미터를 달리고, 매일 손에 잡히는 대로 책을 읽고, 하루에 200자 원고지 20매 분량의 글을 씁니다. 이 단순한 반복이 그를 세계적인 작가로 만들었습니다.

흥미로운 점은 그의 하루가 예술가라기보다 오히려 평범한 직장인의 하루와 닮았다는 사실입니다. 직장인은 출근해 노트북을 켜고, 메일을 확인하며, 그날 처리해야 할 일을 차례로 해냅니다. 하루키 역시 아침에 일어나 정해진 시간에 책상 앞에 앉아, 정해진 분량의 글을 씁니다. 감정이나 영감에 휘둘리지 않고, 업무 매뉴얼을 따르듯 하루의 할당량을 묵묵히 처리합니다. 글쓰기를 '의무'로 수행하는 것입니다.

그는 작가를 대단한 예술품을 창조하는 존재라기보다, 자기 일을 책임지는 직업인으로 인식합니다. 주어진 근무 시간 안에, 주어진 분량의 일을 성실히 해내는 사람. 그런 직업의식으로 글을 쓰기에 그는 매년 한 권의 책을 출간해 왔습니다.

저는 하루키의 이러한 직업의식을 통해 글쓰기를 대하는 직업인으로서의 자세, 꾸준함, 숙련도를 배웠습니다.

먼저 직업인의 자세입니다. 사람들은 작가가 되면, 반드시 대단한 작품을 써야 한다는 강박에 사로잡힙니다. 하지만 글을 쓰는 일과 회사에서 일하는 것은 본질적으로 다르지 않습니다. 직장에서 그날그날 주어진 업무를 처리하듯, 작가도 계획한 분량의 글을 쓰면 됩니다. 위대한 작품을 만들어야 한다는 예술가적 소명보다, 성실한 직장인의 직업적 소명만으로도 충분합니다.

저는 직장인으로 일할 때 하루 17시간을 일했던 적도 있습니다. 그때의 직업정신으로 지금도 글을 씁니다. 그 덕분에 5년째 작가로 살아가고 있고, 매년 한 권씩 책을 출간하고 있습니다. 작가든 전문가든, 결국 성과를 만드는 것은 재능이 아니라 태도입니다.

꾸준함도 마찬가지입니다. 하루키는 하루에 200자 원고지 20매만 씁니다. 이 정도 분량을 쓰는 사람은 많습니다. 그러나 하루도 빠짐없이 그 분량을 채우는 사람은 드뭅니다. 더 쓰고 싶은 날에도 멈추고, 도저히 쓰기 힘든 날에도 끝까지 채웁니다. 바로 이 '매일'이 하루키를 지탱해 온 힘입니다. 제가 '매일'이라는 단어에 집요하게 방점을 찍는 이유도 여기에 있습니다. 보잘것없어 보이는 일이라도 매일 해내면, 그 시간은 반드시 결과로 쌓입니다. 꾸준함은 가장 확실한 전략입니다.

꾸준함의 위대함을 몸으로 직접 체험할 수 있는 것이 마라톤입니다. 마라톤 풀코스는 42.195킬로미터입니다. 완주란 그 거리를 멈추지 않고 달렸다는 뜻이지만, 그 이면에는 보이지 않는 시간이 있습니다. 최소 6개월 이상, 누적 450킬로미터에 달하는 반복 훈련이 있어야 출발선에 설 수 있습니다. 풀코스 완주는 하루의 결과가 아니라, 6개월의 꾸준함이 만든 성과입니다.

숙련도 역시 반복이 주는 선물입니다. 글은 머리로 쓰는 것이 아니라 엉덩이로 씁니다. 의자에 앉아 반복해 온 시간이 글을 단단하게 만듭니다. 연습량 없는 글쓰기는 존재할 수 없습니다. 결국 물량이 품질을 만듭니다.

저는 하루키처럼 살고 싶어서 매일 몸으로 달리고, 마음으로 책을 읽고, 머리로 글을 씁니다. 이 반복은 단순한 습관이 아니라, 하루키의 하루를 훔치려는 시도이자 제 삶을 설계하는 방식입니다.

세 가지 하이

어느 날은 5킬로미터를 달리는 것도 버거웠습니다. 다리는 무겁고 호흡은 거칠었습니다. 오늘은 그냥 그만둘까, 몇 번이나 스스로에게 묻다가 억지로 발을 다시 내디뎠습니다. 그런데 7킬로미터를 넘기자 이상하게도 통증이 사라졌습니다. 숨과 발소리만 남고, 생각이 멈췄습니다. 그 순간 저는 알았습니다. 사람들이 말하는 러너스 하이가 이런 것이구나.

책 읽기도 비슷합니다. 처음에는 한 페이지를 넘기는 것도 힘듭니다. 집중이 안 되고, 다른 생각이 끊임없이 끼어듭니다. 그런데 어느 순간 문장이 눈이 아니라 마음으로 읽히는 때가 옵니다. 시간이 사라지고, 책 속 세계에 완전히 잠기는 순간. 책을 덮고 나면 이유 없이 마음이 가벼워집니다. 저는 그 경험을 '리더스 하이'라고 부릅니다.

글쓰기는 더 극적입니다. 문장이 잘 안 풀리는 날에는 한 줄을 쓰는 데도 한 시간이 걸립니다. 그런데 어느 순간 생각이 흐르기 시작하면, 문장이 저를 앞질러 달립니다. 손이 머리를 따라가지 못할 정도로 쏟아지는 순간이 옵니다. 그때 저는 가장 깊은 쾌감을 느낍니다. 이것이 제가 말하는 '라이터스 하이'입니다.

몸을 정화하는 러너스 하이, 마음을 정화하는 리더스 하이, 뇌를 정화하는 라이터스 하이. 이 세 가지는 고통 끝에 얻는 보상이며, 반복할 수 있는 기쁨입니다. 제가 매일 달리고, 읽고, 쓰는 이유도 결국 이 하이를 다시 경험하기 위해서입니다.

하루의 의식

저는 매일 달리고, 읽고, 쓰는 하루의 의식을 통해 자신에게 질문합니다.

"나는 누구인가, 어디에 서 있는가, 어떻게 여기까지 왔는가."

그리고 마지막으로 "나는 어디로 가고 있는가"를 묻습니다.

하루를 점으로 찍고, 점을 선으로 연결하면 인생의 궤적이 됩니다. 100일의 반복은 100개의 점이 아니라 하나의 방향이 됩니다.

저는 특별한 재능으로 여기까지 온 사람이 아닙니다. 하루를 설계했고, 그 하루를 반복했을 뿐입니다. 그 반복 덕분에 작가가 되었고, 박사가 되었고, 대학교수가 되었습니다.

삶은 여전히 고통스럽습니다. 하지만 이제 저는 압니다. 고통 너머에는 반드시 쾌락이 있고, 그것은 기다리는 것이 아니라, 반복 속에서 만들어진다는 것을. 그래서 저는 오늘도 달리고, 책을 읽고, 글을 씁니다. 이 하루의 반복이 언젠가 저를 하루키처럼 특별한 사람, 아니 최소한, 어제보다 조금 더 나은 사람으로 만들어 줄 것이라 믿으면서 말입니다.

HIGH

뭐라도 해야 인생이 움직인다

"뭐라도 바꾸려면 뭐라도 해야죠"

넷플릭스 드라마 〈D.P.〉의 마지막 대사입니다. 지극히 공허한 말인데도 쉽게 지워지지 않습니다. 이런 말은 한 번 들으면 기억 속에 오래 남습니다.

저는 비슷한 말을 오래전에 어머니에게 들었습니다. 힘들 때마다 혼잣말처럼 내뱉으시던 말이었습니다.

"이까짓 거, 자식 죽고도 살았는데."

낮은 어조의 한숨 같은 그 말이, 지금도 제 머릿속에서 사라지지 않습니다. 50여 년을 살아오며, 그렇게 잘 지워지지 않는 말들이 가슴에 쌓였습니다. 어떤 말은 제 삶의 한숨이 되었고, 어떤 말은 제 삶의 추임새가 되었습니다. 그중 하나가 바로 이 말입니다.

"뭐라도 해야죠."

이 말은 공허하지만 동시에 치열합니다. 아무것도 바꿀 수 없다는 사실을 알면서도, 그래도 뭐라도 해야 한다는 것은 나약한 개인이 할 수 있는 최후의 반항입니다. 이 말은 가장 절망적인 언어이면서, 가장 따뜻한 삶의 언어이기도 합니다.

〈D.P.〉 속 조석봉은 입대 전 미술 강사였습니다. 제자들에게 늘 이 말을 해 주던 사람이었습니다.

"선아야, 그래도 뭐라도 좀 해야 뭐든지 바뀌지 않을까?"

그 말은 포기하지 말라는 가장 따뜻한 격려였습니다. 그러나 군대에서 부당한 대우를 겪으며 그는 무너집니다. 결국 무장 탈영을 하고, 총을 겨눈 채 이렇게 말합니다.

"나 이제 봉디 쌤 못하겠지? 뭐라도 바꾸려면, 뭐라도 해야지."

절망 속에서도 마지막까지 놓지 않는 말, 바뀌지 않을 걸 알면서도, 그래도 뭐라도 해야 한다는 그 말은 치열해서 더 아픕니다. 세상을 향한 마지막 항변이기 때문입니다.

저는 세상을 바꾸는 일은 쉽지 않으며, 우리가 바꿀 수 있는 유일한 세계는, 결국 자기 자신뿐이라는 사실을 깨달았습니다. 저는 퇴직 이후, 세상을 바꾸는 대신 저를 바꾸기로 했습니다. 그렇게 하려고 매일 달리고, 읽고, 썼습니다. 하루에 글 한 편을 쓰겠다는 약속은 생각보다 힘들었습니다. 쉽게 써지는 날도 있었지만, 한 문장을 붙잡고 몇 시간을 보내야 하는 날도 많았습니다. 그런 날에는 속으로 이렇게 말했습니다.

"좋습니다. 끝낸 게 어디입니까. 오늘도 뭐라도 했습니다."

그'뭐라도'가 쌓이면, 언젠가는 '뭐라도가 될 거'라고 믿었습니다.

자신을 있는 그대로 마주하게 되는 시간

제가 저를 바꾸려고 선택한 첫 전략은 달리기였습니다. 저는 매일 5킬로미터 이상 달렸고, 그것을 100일 동안 멈추지 않았습니다.

달리는 동안 머릿속 생각은 하나씩 떨어져 나갑니다. 해야 할 일, 걱정, 후회 같은 것들이 숨과 함께 빠져나가고, 결국 남는 것은 지금 이 몸뿐입니다. 그 순간 저는 저 자신을 가장 정직하게 마주합니다. 꾸밀 수도 없고, 도망칠 수도 없는 상태로 말입니다.

저는 2025년 8월 7일부터 11월 17일까지 정확히 100일 동안 달렸습니다. 그사이 몸무게는 72킬로그램에서 62킬로그램으로 줄었습니다. 그러나 제가 얻은 것은 다이어트가 아니라 건강이 10킬로그램만큼 좋아졌고, 마음이 10킬로그램만큼 가벼워졌으며, 삶은 그만큼 단순해졌습니다.

달리기를 통해 책을 읽을 수 있는 마음의 근력을 얻었고, 책을 읽으며 글을 쓸 수 있는 머리의 근력을 길렀습니다. 그렇게 쌓인 시간은 결국 이 책이 되었습니다.

하루에 맺음을 만드는 일

책은 나를 돌아보는 거울입니다. 하루하루를 흘려보내면 삶은 맺음 없는 대나무처럼 쉽게 부러집니다. 대나무가 태풍에도 부러지지 않는 이유는, 마디마다 맺음이 있기 때문입니다. 책 읽기는 하루에 맺음을 만드는 일입니다.

매일 한 편의 글을 읽고, 하루에 의미를 묶어 두는 사람은 쉽게 부러지지 않습니다. 그렇게 시간을 견디는 사람이 결국, 어느 순간 성공이라는 단어 근처에 서 있게 됩니다. 어쨌든, 뭐라도 해야 합니다. 저에게 그 말은 이렇게 바뀌었습니다.

"달리기라도 해야지."

"읽기라도 해야지."

"쓰기라도 해야지."

인생을 바꾸는 말은 거창하지 않습니다. 오늘도, 뭐라도 하나 했다면, 이미 그 사람은 어제와는 다른 방향으로 살고 있는 겁니다.

넷플릭스 드라마 〈D.P〉의 마지막 대사처럼,
인생은 때로 거창한 문장이 아니라
툭 던져진 한마디에 의해 다시 움직이기 시작한다.
"뭐라도 해야죠." 바뀌지 않을 것을 알면서도,
가만히 있지 않겠다는 작고 치열한 선언이다.
우리는 흔히 인생을 바꾸는 계기를 대단한 결심에서 찾는다.
그런 결심 대신 오늘의 '뭐라도'를 붙잡는 태도가
한 사람의 몸과 마음, 그리고 인생의 방향을 바꾼다.

다른 사람을 이길 필요도 없고, '어제의 나'를 이길 필요도 없습니다.
달리기 그 자체가 주는 환희와 몰입에 빠져들면
자신의 진짜 모습을 찾게 될 것입니다.
권은주, 《인생에 달리기가 필요한 시간》

5

100일 달리기,
러너스 하이를 넘어
삶을 재설계하다

의지가 아니라 구조를 고정하라

퇴직 이후, 우리는 어쩔 수 없이 삶의 토대가 약해졌음을 느끼게 됩니다. 흔들리는 지반 위에 집을 세울 수는 없습니다. 먼저 바닥을 단단히 다져야 합니다. 삶을 다시 세우는 기초 공사, 그 출발이 바로 달리기입니다.

퇴직의 여파로 균형을 잃은 삶을 바로 세우려면 가장 먼저 '러너스 하이'를 경험해야 합니다. 몸을 움직이며 자신을 일으켜 세우는 감각, 그것이 무너진 바닥을 다시 굳히는 힘이 됩니다. 그래서 제안합니다. 100일 동안 달리는 '하이 프로젝트', 이것이 삶을 다시 세우는 첫 번째 프로젝트입니다. 프로젝트 실행 순서는 다음과 같습니다.

① 준비 → ② 일별 실행 → ③ 주간 점검 → ④ 월별 관리(부상 관리) → ⑤ 100일 완주 점검

① 준비 단계 : 의지보다 환경을 고정하라

달리기를 시작하기 위해 거창한 준비가 필요한 것은 아닙니다. 중요한 것은 의지가 아니라 장비와 시간을 고정하는 것입니다. 먼저 100일 목표 문장을 작성하십시오. 예를 들어, "나는 매일 달리는 사람이다" 이 정도의 슬로건이면 충분합니다. 그리고 준비해야 할 것은 단 두 가지입니다.

첫째, 발에 잘 맞고 쿠션이 적당한 러닝화입니다. 신발은 나와 땅이 만나는 접촉면입니다. 접촉면이 편해야 지속할 수 있습니다.

둘째, 기록 앱입니다. 저는 서울시에서 만든 '손목닥터'를 사용했습니다. 자신에게 맞는 달리기 앱을 하나 정해 두십시오. 기록은 습관을 강화합니다.

② 일별 실행 : 3·3·3 법칙의 시작

지속을 위해 저는 '3·3·3 법칙'을 적용했습니다. 일별 세 가지, 주간 세 가지, 월별 세 가지 원칙입니다.

첫째, 첫날은 무조건 완주

그냥 나가십시오. 러닝화를 신고, 스마트폰을 들고 집 근처로 나가면 시작입니다. 처음에는 달리다 걸어도 괜찮습니다. 중요한 것은 목표 거리 완주입니다. 첫날부터 7일까지는 속도보다 '거리 채우기'가 최우선입니다.

둘째, '오늘 하루만' 전략

목표는 100일이 아닙니다. 오늘 6킬로미터입니다. 멀리 있는 100일을 생각하면 부담이 됩니다. "오늘만 해 보자"라는 이 전략이 지속의 힘입니다.

셋째, 체력 한계치 확인

7일 정도 달리면 자신의 한계를 알게 됩니다. 달려 보지도 않고 목표를 낮추지 마십시오. 저는 처음에 3킬로미터를 달리고 3킬로미터는 걸었습니다. 이후 체력이 붙으면서 6킬로미터를 온전히 달릴 수 있게 되니 경험 후에 조정하십시오.

③ 주간 점검 : 리듬을 만드는 시간

우리의 삶은 7일 단위 리듬으로 돌아갑니다. 일주일을 달리고 나면 자신만의 리듬이 보입니다. 주간 목표는 속도 향상이 아니라 지속 가능성입니다.

다음은 주간 점검을 위한 세 가지 포인트입니다.

첫째, 요일별 달리기 패턴 찾기

월요일과 토요일의 몸 상태는 다르니 자신의 생활 방식에 맞춰 달리기 리듬을 설계하십시오. 리듬이 완성되면 달릴 수 있는 환경을 만들 수 있습니다.

둘째, 몸의 증상 확인

평균 페이스, 심박수, 통증 부위를 점검하십시오. 특히 무릎과 발목은 세심하게 살펴야 합니다. 지속의 적은 과욕입니다.

셋째, 식단 관리

고단백 위주의 식사를 하고 인스턴트 음식은 지양해야 합니다. 술은 회복을 방해하고, 담배는 폐활량을 갉아먹습니다. 가능하다면 금주, 금연을 실천해야 합니다.

④ 월별 점검 : 의지에서 습관으로

30일이 지나면 몸이 '달리기 모드'로 재설정됩니다. 30일, 60일, 90일마다 흐름을 점검하십시오. 다음은 월별 점검을 위한 세 가지 포인트입니다.

첫째, 부상 관리

30일이 지나면 통증 부위가 나타납니다. 저는 고관절 통증이 있었습니다. 올바른 주법, 스트레칭, 도로 상태 점검이 필요합니다.

눈길이나 빗길은 특히 조심해야 합니다.

둘째, 생활 습관 정착

한 달 이후에는 의지가 아니라 습관이 지속을 만듭니다. 저는 밤 10시에 취침, 새벽 5시 기상을 고정했습니다. 수면이 확보되어야 아침 달리기가 가능합니다.

셋째, 몸의 수치 확인

체중, 체지방률, 심박수, 페이스 변화를 기록하십시오. 저는 73킬로그램에서 62킬로그램으로 감량했습니다. 체지방률은 26.5퍼센트에서 20.3퍼센트로 감소했고, 근육량은 증가했습니다. 수치는 강력한 보상입니다.

⑤ 100일의 결과 : 600킬로미터의 힘

'6킬로미터 × 100일 = 600킬로미터'는 서울에서 부산까지 거리(약 325킬로미터)의 거의 두 배입니다. 저는 매일 아침 6시, 같은 코스를 4바퀴 돌며 6킬로미터를 달렸습니다. 시간, 장소, 순서 이 세 가지 고정이 완주의 핵심 규칙입니다.

초반 14일은 고통이었습니다. 숨이 가빴고, 근육이 뻐근했고, 오후에는 졸음이 쏟아졌습니다. 그러나 60일이 지나자 몸이 안정되기 시작했습니다. 호흡에 리듬이 생겼고, 에너지가 생겼습니다.

600킬로미터가 바꾼
다섯 가지 신체 변화

몸은 거짓말하지 않습니다. 어제의 습관이 오늘의 체력을 만들고, 오늘의 선택이 내일의 몸을 결정합니다. 100일 동안, 매일 아침 6킬로미터를 달리는 것은 삶의 구조를 다시 설계하는 프로젝트였습니다. 그리고 100일이 지난 뒤, 제 몸은 분명히 다른 사람이 되어 있었습니다. 다음은 다섯 가지 변화된 몸의 상태입니다.

① 심장 단련으로 심폐지구력의 비약적 향상

달리기 초기에는 6킬로미터가 버거웠습니다. 하지만 100일이 지나자 심장의 펌프 기능이 강해졌습니다. 한 번의 박동으로 내보내는 혈액량이 늘고, 모세혈관이 확장되면서 심폐 기능의 효율이 높아졌습니다. 이 변화는 일상에서 바로 느껴집니다. 아파트 계단을 오를 때도, 집 근처 고덕 둘레길을 걸을 때도 거의 숨이 차지 않습니다. 마치 고성능 엔진으로 교체한 느낌입니다.

② 숫자로 확인한 체성분의 변화

6킬로미터를 달리면 하루 약 450칼로리를 추가로 소모합니다. 이 누적이 몸을 바꿉니다. 달리기 전 저의 체지방률은 26.5퍼센트였습니다. 100일 후 20.3퍼센트로 6.2퍼센트 감소했습니다. 근육량은 29.1퍼센트에서 34.3퍼센트로 5.2퍼센트 증가했습니다. 체중은 73킬로그램에서 62킬로그램으로 11킬로그램 감량했습니다. 기초대사량도 높아졌습니다. 운동 후에도 산소 소비가 유지되며 칼로리 소모가 이어졌습니다. 몸은 더 가벼워졌고, 하체와 코어는 단단해졌습니다.

③ 상쾌한 기분과 실행력 상승

달리기를 시작한 뒤로 하루가 다르게 즐거워졌습니다. 운동은 뇌에서 엔도르핀과 도파민 분비를 촉진해 우울감은 낮추고, 활력은 끌어올립니다. 새벽 공기를 마시며 달릴 때면 스트레스 호르몬인 코르티솔 수치도 안정됩니다. 아침 6킬로미터를 완주하면 이미 하루를 이긴 기분입니다. 이 성취감이 전전두엽 기능을 활성화해 실행력을 높여 줍니다. 달리기 전에는 할 일의 압박에 시달렸다면, 지금은 하루를 주도적으로 설계합니다.

④ 생체 리듬의 회복

달리기 전 저는 불면에 시달렸습니다. 밤 11시에 누워도 새벽 3시까지 잠들지 못했습니다. 스마트폰을 들여다보며 시간을 보냈고, 수면의 질은 엉망이었습니다. 달리기를 시작한 뒤 변화가 일어났습니다. 밤 10시에 누우면 바로 잠이 들고, 새벽 5시까지 깊은 잠을 잡니다. 수면의 질이 좋아지니 아침이 개운해졌고, 생활 활력도 높아졌습니다. 건강 앱 기준 일일 걸음 수는 달리기 전 8,300보에서 달리기 후 2만 2,400보로 늘었습니다. 하루의 리듬이 완전히 바뀌었습니다.

⑤ 저속 노화의 출발점

달리기 전에는 피부톤이 어둡고 트러블이 잦았습니다. 지금은 피부가 맑아졌다는 말을 자주 듣습니다. 지속적인 유산소 운동은 세포 속 미토콘드리아 활동을 활성화합니다. 에너지 생성 효율이 높아지면서 세포 기능이 개선됩니다. 그 결과 몸 전체의 활력이 살아납니다. 달리기는 가장 강력한 저속 노화 전략입니다.

100일 후 저는 "나는 피로한 몸이 아니라, 움직일 준비가 된 몸이다"라고 말할 수 있었습니다. 러너스 하이는 단지 달릴 때의 쾌감이 아니라 몸을 재설계한 사람에게 주어지는 삶의 고도입니다. 그리고 그 고도는 리더스 하이로 이어집니다. 달리는 사람만이, 자기 삶의 리듬을 설계할 수 있습니다.

PART 2
리더스 하이

– 읽기 시작하자
인생의 기준이 달라졌다

남서울대학교 도서관의 도서 검색대 옆에는 이런 문구가 쓰여 있습니다.

"책은 내 마음을 깨우는 마법의 지팡이다. 나는 매일 아침 작은 의식을 치른다. 일어나자마자 침대 옆에 두었던 책을 펼치는 일이다."

책을 읽는다는 것은 세상과 만나는 일입니다. 책을 통해 더 넓은 세계를 만날수록 경험은 깊어지고, 삶은 쉽게 흔들리지 않습니다. 삶이 흔들리는 것은 마음의 문제입니다. 경험의 크기가 작을수록 마음은 쉽게 휘청입니다. 그래서 우리는 책을 통해 마음의 경험을 쌓아야 합니다.
삶이 무너질 때 가장 먼저 나타나는 변화는 마음이 흩어지고, 그로 인해 하루의 리듬도 무너지는 겁니다. 그럴 때는 먼저 몸을 움직여 마음의 근력을 회복하고, 책을 읽어 흐트러진 마음을 바로잡아야 합니다.
책은 마음의 경험입니다. 읽는다는 것은 단순한 지식 습득이 아니라 마음의 세계를 확장하는 일입니다. 리더스 하이는 책으로 단단해진 내면에서 생겨납니다. 그러므로 우리에게 필요한 건 리더스 하이의 선순환입니다. 책을 읽어 리더스 하이를 키우고, 그 힘으로 마음의 체력을 길러야 합니다.

한 권의 책은 우리 내면의 얼어붙은 바다를 깨는 도끼여야 한다.

프란츠 카프카

1

얼어붙은 마음을 깨는 유일한 방법

자존감을 회복시키는 책 읽기

저는 왜 한평생 책 읽기에 매달렸을까요. 한 문장으로 말하면, 책을 통해 내 마음의 얼어붙은 바다를 깨뜨리고 싶었기 때문입니다. 책 읽기의 시작은 무기력에서 벗어나려는 몸부림이었습니다.

저는 1985년 9월, 고등학교를 자퇴했습니다. 집에 머무는 시간이 길어지자 삶이 무기력하게 가라앉기 시작했습니다. 이대로 가면 진짜로 폐인이 되겠다는 두려움이 밀려왔습니다. 아직 완전히 망가지지 않았다는 사실을 저 자신에게 증명하고 싶었습니다.

그때부터 미친 사람처럼 책을 읽었습니다. 책장에 꽂혀 있던 고전들을 닥치는 대로 집어 들었습니다. 형들이 사 두었던 책들이었습니다. 최인훈의 《광장》, 조세희의 《난장이가 쏘아올린 작은 공》,

레마르크의 《서부전선 이상 없다》, 브레히트의 《살아남은 자의 슬픔》…. 손에 잡히는 책은 무엇이든 몰입을 경험할 때까지 읽었습니다. 한 페이지를 여러 번 반복해서 읽은 적도 많았습니다.

그 시절 책 읽기는 제가 할 수 있었던 유일하게 치열한 행동이었습니다. 그때는 이 시간이 제 마음의 근력을 키우고 있다는 사실을 몰랐습니다. 무기력에서 벗어나기 위한 발버둥이 결국 제 삶을 다시 움직이게 만들 줄은 몰랐던 것입니다. 그 덕분에 문해력이 쌓였고, 다시 대학 공부를 할 수 있는 학습 능력도 생겼습니다. 대학 진학, 직장 생활, 그리고 2020년 퇴직 이후 무너진 일상까지, 다시 저를 일으켜 세운 힘은 언제나 책이었습니다. 책을 읽기 시작하자 삶의 리듬이 돌아왔고, 자존감도 회복됐습니다. 책 읽기 하나로 충분했습니다.

책 읽기가 삶을 회복시키는 세 가지 이유

책 읽기는 우리 일상에서 세 가지 중요한 역할을 합니다.

첫째, 마음을 깨웁니다.
프란츠 카프카는 "책은 우리 내면의 얼어붙은 바다를 깨뜨리는 도끼여야 한다"라고 말했습니다. 왜 책을 읽어야 하는지를 이보다 더 정확하게 말한 문장은 없을 겁니다. 마음이 얼어붙으면 그 안에서 어떤 생명도 자랄 수 없습니다. 책은 굳어 버린 내면을 깨우는 도끼입니다. 바쁘다는 핑계는 이제 내려놓고, 지하철에서든 카페에서든 틈나는 대로 책을 읽어야 합니다. 언젠가 폭풍처럼 충격을 주는 한 권의 책이, 우리 삶을 통째로 바꿔 놓을 것입니다.

둘째, 마음을 한곳에 모읍니다.

'독서 삼매경'이라는 말이 있습니다. 아무 생각 없이 오직 책에만 몰입한 상태입니다. 삼매경은 불교 용어 '삼마디 samadhi'에서 유래한 말로, '마음을 한곳에 집중하는 경지'를 뜻합니다. 책 읽기의 즐거움은 바로 여기에 있습니다. 주변에서 무슨 일이 벌어져도 모를 만큼 깊이 빠져드는 경험. 이것이 책이 주는 가장 순수한 쾌감입니다.

셋째, 마음을 안정시킵니다.

책 읽기는 우리 자신을 한 발짝 떨어져 바라보게 만듭니다. 감정에 휩쓸리지 않고 문제를 객관적으로 바라볼 수 있게 합니다. 마음이 안정될 때 비로소 해결 능력도 생깁니다. 억눌린 감정을 내려놓고 맞이한 하루는 훨씬 가볍습니다. 책 읽기가 주는 가장 큰 효과는 정서적 안정입니다.

책은 마음을 깨우는 도끼이자, 한곳으로 모으는 돋보기입니다. 우리 마음을 확장하는 가장 단순하면서도 강력한 도구이기도 합니다. 책을 읽으며 경험하는 몰입의 쾌감, 그것이 바로 '리더스 하이' 입니다. 이 쾌감이 책 읽기를 지속하게 만들고, 지속된 독서는 다시 마음의 세계를 넓힙니다. 리더스 하이는 습관을 만들고, 습관은 결국 인생의 방향을 바꿉니다

생각의 리듬을 만드는 법

우리가 어떤 일을 지속할 수 있는 힘은 리듬감을 몸과 마음에 내재화할 때 생깁니다. 달리기가 그러하듯, 독서 또한 리듬이 중요합니다. 달리기를 반복하며 몸의 리듬을 얻듯, 책을 반복해서 읽다 보면 생각의 리듬이 만들어집니다.

달리기는 두 발로 땅을 딛고 몸이 앞으로 나아가는 행위입니다. 독서도 이와 비슷합니다. 달리기가 몸을 쓰는 일이라면, 독서는 마음을 쓰는 일입니다. 독서는 마음이 문장을 딛고, 생각이 앞으로 나아가는 행위입니다. 그래서 달리기에서 일어나는 작동의 메커니즘은 독서에서도 유사하게 나타납니다. 달리기를 계속하다 보면 러너스 하이가 찾아오듯, 독서에도 어느 순간 깊은 몰입의 상태가 찾아옵니다. 저는 그 상태를 '리더스 하이'라고 부릅니다. 읽는 행위를 넘어 생각이 스스로 움직이기 시작하는 순간입니다.

리듬감은 계속하다가 얻어지는 선물

이 상태에 이르기 위해서는 먼저 독서의 리듬을 익혀야 합니다. 리듬은 의지로 만드는 것이 아니라 반복 속에서 생겨납니다. 하루 단위로 일정량을 읽는 습관이 쌓일 때 비로소 독서의 리듬이 만들어집니다.

저는 매일 아침 6시부터 7시까지 약 30페이지 정도를 꾸준히 읽었습니다. 이 하루가 일주일이 되고, 한 달이 되고, 다시 석 달쯤 반복되자 어느 순간 제 마음에 독서의 리듬이 생겨났다는 사실을 알게 됐습니다.

물론 이 과정은 쉽지 않습니다. 달리기를 시작하면 숨이 가쁘고 다리가 무겁듯, 독서도 마찬가지입니다. 처음에는 문장이 눈에 걸리고, 생각은 자꾸 흩어집니다. 몇 쪽 넘기지 못하고 덮고 싶은 순간이 반복됩니다. 그 지점을 지나면 문장은 머릿속에서 막히지 않고 흐르기 시작합니다. 생각이 문장을 따라가고, 문장은 다시 생각을 이끕니다. 그 순간 독서는 이해의 대상이 아니라, 타고 흐르는 리듬이 됩니다.

제가 그 몰입을 처음 경험한 것도 석 달쯤 반복한 뒤였습니다. 어느 날 아침, 달리고 난 뒤 같은 시간에 책을 펼쳤을 때였습니다. 집중하려 애쓰지 않았는데도 문장이 깊이 들어왔고, 읽고 있다는 감각조차 사라졌습니다. 생각이 정리되고, 질문이 떠오르며, 흩어져 있던 생각들이 제자리를 잡았습니다. 읽는 내가 사라지고 책과 생각만 남는 순간이었습니다.

사람들은 대부분 이런 상태에 이르려면 독서량이 많거나 어려운 책을 읽어야 한다고 생각합니다. 그러나 그것은 몸의 리듬과 생각의 리듬이 맞물릴 때 자연스럽게 찾아오는 감각입니다. 누구나 반복을 통해 독서의 리듬을 만들면 경험할 수 있습니다.

주어진 삶에 감사하는 힘

제가 리더스 하이에 이르는 경험을 하게 만든 책이 있습니다. 빅터 프랭클의 《죽음의 수용소에서》와 신영복 선생의 《감옥으로부터 사색》입니다. 저는 이 두 권을 동시에 읽었습니다. 아침에는 《감옥으로부터 사색》을 몇 편씩 읽고, 밤에는 《죽음의 수용소에서》를 읽었습니다. 두 작가는 감옥과 수용소라는 극한 상황 속에서도 자유

의지를 놓지 않고 살아 냈습니다. 저는 책을 읽는 동안 그들과 함께 그 공간에 머무는 느낌을 받았습니다.

《죽음의 수용소에서》에는 이런 내용이 나옵니다.

수용소에 처음 들어온 한 동료가 하늘에 이런 기도를 하는 것을 들었다. 자신의 고난과 죽음으로 자기가 사랑하는 사람이 고통스러운 종말로부터 구원받도록 해 달라는 기도였다. 이런 사람에게 고난과 죽음은 의미 있는 것이다. 그의 희생은 아주 심오한 의미를 지닌다. 그는 헛되게 죽고 싶지 않았던 것이다.

저는 이 내용을 읽으며 지금 주어진 삶에 감사하는 힘을 얻었습니다. 이것이 리더스 하이가 주는 선물입니다.

또 하나의 방법이 있습니다. 책을 읽으면서 중요한 문장은 필사해 보십시오. 눈으로 읽는 것보다 손으로 옮겨 적을 때, 책은 훨씬 깊이 들어옵니다. 그래서 책은 눈으로 읽는 것이 아니라 손으로 읽는다고 말합니다. 필사하다 보면 속독보다 훨씬 강한 몰입이 생기고, 마음으로 책을 읽게 됩니다.

《죽음의 수용소에서》를 읽으며 저는 어떻게 살아야 하는지를 다시 생각했습니다. 삶과 죽음이 오가는 공간에서도 끝까지 놓지 않았던 것은 삶을 선택하는 자유의지였습니다. 그 자유는 누구도 빼앗을 수 없고, 오직 나만이 지킬 수 있다는 사실을 책을 통해 배웠습니다.

신영복 선생의 《감옥으로부터 사색》에서 제가 필사한 문장입니다.

> 특히 여름 징역살이는 천만 가지 말보다 더 깊게 다가옵니다. 없는 사람이 살기는 겨울보다 여름이 낫다고 하지만, 교도소의 우리는 차라리 겨울을 택합니다. 여름 징역은 바로 자기 옆 사람을 증오하게 만들기 때문입니다.

제가 오백 년을 살아도 얻지 못했을 통찰을, 책 한 권으로 만나는 순간. 그때 느끼는 희열, 바로 그것이 리더스 하이가 일어나는 순간입니다.

세상의 경험뿐이 아니다. 우리가 그동안 했던 모든 일, 우리가 했을지도 모르는 훌륭한 생각들, 우리가 겪었던 고통, 이 모든 것들은 비록 과거로 흘러갔지만 결코 잃어버린 것이 아니다. 우리는 그것을 우리 존재 안으로 가져왔다. 간직해 왔다는 것도 하나의 존재 방식일 수 있다. 그리고 어쩌면 이것이 확실한 존재 방식인지도 모른다.

빅터 프랭클, 《죽음의 수용소에서》

2

하이는 고통 이후에 온다

고통은 나를 강하게 만든다

우리는 흔히 고통을 견뎌야만 성공의 단맛을 느낄 수 있다고 말합니다. 저를 끝까지 버티게 만드는 문장이 하나 있습니다.

"나를 죽이지 못하는 고통은 나를 강하게 만든다."

이 문장은 수많은 시련 앞에서 제가 붙잡는 유일한 믿음입니다. 피할 수 없는 고통이 예고 없이 찾아올 때마다 이렇게 생각합니다.

'어차피 이 고통이 나를 죽이면, 내 인생은 여기서 끝날 것이고, 만약 나를 죽이지 못한다면, 이 고통은 언젠가 끝나고, 그 이후의 나는 지금보다 더 강해질 것이다.'

그러면 고통의 순간이 그나마 견딜 만해집니다. 이 믿음은 겉으로 보이지 않지만, 제가 기대어 버틸 수 있는 가장 단단한 지지대입니다.

저는 힘들다고 멈추지 않았습니다. 더는 달릴 수 없을 만큼 힘들 때도 달렸고, 책을 읽을 수 없을 만큼 지쳤을 때도 책을 놓지 않았으며, 글을 쓸 수 없다고 느낄 때조차 억지로라도 글을 썼습니다. 고통을 피하는 대신 통과하기로 선택한 것입니다.

독서가 쌓이며 찾아오는 마음의 희열

독서 역시 마찬가지였습니다. 500페이지가 넘는 이른바 '벽돌 책'을 펼칠 때면 숨이 막히는 기분이 들었습니다. 출발선에 선 마라톤 주자처럼 막막했습니다.

마라톤은 처음부터 결승점을 생각하지 않습니다. 42.195킬로미터를 1킬로미터 단위로 나누고, 그 1킬로미터를 어떤 속도로 달릴지만 고민합니다. 중요한 것은 끝이 아니라, 지금의 호흡입니다.

독서도 하루에 30페이지든 40페이지든, 감당할 수 있는 분량을 정해 매일 같은 시간에 꾸준히 읽다 보니 어느 순간 변화가 찾아왔습니다. 생각이 막히지 않고 흐르기 시작했고, 문장이 저를 끌고 갔습니다. 읽는 행위가 노력에서 자연스러운 흐름으로 바뀌었습니다. 그때 저는 긴 독서 끝에 찾아오는 깊은 희열, 카타르시스를 경험했습니다.

카타르시스는 비극을 보며 연민을 느끼고, 그 감정을 통해 마음이 정화되고 해소되는 정신적 승화를 의미합니다. 심리학에서도 이 과정은 과학적으로 매우 타당하다고 말합니다. 슬픈 영화를 보며 억눌린 감정이 간접적으로 표출되고, 정서적 안정을 찾는 것처럼 말입니다. 이 카타르시스는 독서를 통해서도 일어납니다. 다만 연극처럼 즉각적으로 나타나지는 않습니다. 독서를 통한 카타르시스, 즉 리더스 하이는 장기간의 독서를 통해 서서히 쌓이다가 어느 순간 터져 나오는 마음의 희열입니다.

불편한 선택

마이클 이스터의 《편안함의 습격》을 읽으며 경험한 리더스 하이는 특히 인상적이었습니다. 그 책이 주는 쾌감은 단순한 재미가 아니라, 불편함을 통과한 뒤에 찾아오는 깊은 통찰이었습니다.

이 책은 우리가 문명이 제공하는 편안함에 얼마나 깊이 잠식되어 있는지를 날카롭게 지적합니다. 영상에 익숙해진 우리는 문자가 주는 감각적 쾌감을 점점 잃어 가고 있습니다. 편안함에 길든 삶은, 생각하는 힘을 서서히 마비시킵니다.

새로운 편안함이 등장하면서 예전에는 받아들일 수 있는 수준이라고 여겼던 불편함의 골대가 한참 뒤로 밀려나게 되었다. 중요한 것은 이 모든 일이 무의식중에 일어나고 있다는 것이다.

이 문장은 제가 살아온 삶의 방식을 돌아보게 했습니다. 본능적으로 편안함을 추구하는 그 자체가 문제는 아닙니다. 문제는 편안함에 안주하며, 그 상태를 삶의 목적처럼 착각하는 데 있습니다.

인류가 과학 문명을 통해 진정한 편리함을 누린 시간은 길어야 200년 남짓에 불과합니다. 그러나 우리 몸에 각인된 유전적 본성은 수십만 년 전과 크게 다르지 않았습니다. 우리는 여전히 움직이며 살아가도록 설계된 존재입니다.

생명체란 끊임없이 에너지를 쓰며 움직이는 존재입니다. 움직이지 않는 것은 생명이 아니며 움직인다는 것은, 반드시 불편함을 감수하는 일입니다. 그런데도 우리는 활동하지 않아도 에너지를 얻을 수 있는 세상에 살고 있습니다. 그 결과, 편안함과 인간의 본성 사이의 괴리는 점점 커지고 있습니다. 《편안함의 습격》은 바로 이 지점을 정면으로 찌릅니다.

책을 읽는 일은 본질적으로 불편합니다. 집중해야 하고, 상상해야 하며, 생각해야 합니다. 그런 불편함을 통과했을 때, 리더스 하이라는 쾌감이 찾아옵니다. 고통 이후에 쾌감이 오는 것은 우연이 아닙니다. 그것은 생명체로서 우리가 가진 생존의 구조이자, 삶의 원리입니다.

현실에서는 이 불편함을 피하려고, 말초적인 자극이 가득한 영상 속으로 도망칩니다. 편안함이 우리를 좀먹고 있다는 사실을 알면서도, 끊어 내지 못합니다. 《편안함의 습격》은 그 지점에서 경고합니다.

> 사람들은 끔찍할 정도로 두려워한다. 편안함이 자신을 갉아먹고 있다는 사실을 알게 되는 것을. 그리고 그것이 자신에게 어떤 영향을 미치고 있는지 알아채는 것을. 이런 상황에서 눈을 가리고 있던 뿌연 안개가 걷히고 '편안함에 의한 잠식'의 정체가 똑똑히 드러나게 된다면 과연 어떤 일이 벌어질까?

만약 안개가 걷히고, 편안함에 잠식된 삶의 실체가 드러난다면, 우리가 마주하게 될 것은 아마도 준비되지 않은 노년의 현실일 것입니다. 그래서 저는 오늘도 일부러 불편함을 선택합니다. 책을 펼치고, 몸을 움직이고, 생각이 버거워질 때까지 사고합니다. 고통 이후에 찾아오는 하이를 믿기 때문입니다.

책 읽기는 어떻게 삶이 되는가

저는 글쓰기를 책 읽기로 배웠습니다. 더 나아가 삶의 방식마저도 책 읽기로 배웠습니다. 제가 책을 읽는 방법은 조금 유별납니다. 저는 다양한 방식으로 책을 읽습니다.

보통 '읽는다'라는 행위에는 두 가지 의미가 있습니다. 하나는 글을 보고 그 뜻을 이해하는 것이고, 다른 하나는 글자를 보고 소리내어 말로 표현하는 것입니다. 결국 책 읽기에 쓰이는 감각 기관은 눈과 입입니다. 하지만 저는 눈과 입뿐 아니라 손과 몸, 여러 감각 기관을 동원해 책을 읽습니다. 책을 읽는 것이 아니라 마치 씹어 먹는 방식입니다. 그래서 제 책 읽기는 감각 기관의 활동이라기보다 소화 기관의 활동처럼 느껴집니다.

책은 몸으로 읽어야 삶이 된다

책을 소화할 수 있어야만 '리더스 하이'에 도달할 수 있습니다. 책을 씹어 삶의 영양분으로 삼는 사람만이 독서를 통해 진짜 에너지를 얻습니다. 책은 눈으로만 읽는 것이 아니라, 소화 기관이 작동하듯 몸으로 읽어야 비로소 삶이 됩니다.

소화 기관은 동물이 음식물을 섭취해 저장하고, 분해하고, 흡수하며, 남은 것을 배설하는 기능을 담당합니다. 왜 책 읽기 이야기를 하다가 갑자기 소화 기관을 꺼내는지 고개가 갸웃해질지도 모릅니다. 하지만 동물이 음식을 먹어 에너지로 바꾸는 과정과, 사람이 책을 읽어 삶의 지혜로 바꾸는 과정은 놀랍도록 닮았습니다.

책을 읽고 소화하는 방식은 육식 동물의 소화와는 다릅니다. 오히려 섬유질 많은 풀을 먹는 채식 동물의 방식에 가깝습니다. 특히 소의 소화 과정과 매우 닮았습니다.

소는 반추동물입니다. 위가 하나가 아니라 네 개입니다. 반추위, 벌집위, 겹주름위, 주름위. 각각의 위는 모양과 역할이 다릅니다. 소의 주식은 풀인데, 풀은 섬유질이 많아 소화가 매우 어려워서 한 번 삼켜서는 소화가 되지 않습니다. 여러 위를 거치며 분해, 발효, 여과, 흡수를 반복해야만 비로소 에너지가 됩니다.

소가 들판에서 되새김질하는 모습을 떠올려 보십시오. 삼켰던

풀을 다시 입으로 올려 씹고, 또 삼키는 과정을 반복합니다. 이것이 바로 반추입니다. 소의 소화는 한 번에 끝나는 직선형 과정이 아니라, 되돌아가며 반복하는 순환 구조입니다.

제1위인 반추위는 가장 큰 위로, 섬유질 사료가 미생물에 의해 발효되고 분해되는 공간입니다. 여기서 풀은 단순한 영양소로 바뀌기 시작합니다. 제2위인 벌집위는 먹이를 분류하고 되새김질을 유도하며, 소화 효율을 높입니다. 제3위인 겹주름위는 물과 영양분을 흡수하는 필터 역할을 합니다. 제4위인 주름위는 인간의 위와 비슷하게 산과 효소로 음식물을 최종 분해합니다. 이렇게 네 단계를 거쳐서야 소는 풀을 자신의 살과 우유로 전환합니다. 소의 소화 과정은 흡수하고 변환하여 자기 것으로 만드는 '반추의 반복'입니다.

책 읽기도 마찬가지입니다. 한 번 읽고 끝나는 책 읽기는 아직 소화되지 않은 상태입니다. 다시 읽고, 곱씹고, 써 보고, 말해 보고, 삶에 적용해 보는 과정이 있어야 비로소 책은 내 것이 됩니다. 책은 삼키는 것이 아니라 되새김질해야 합니다. 그래야 지식이 아니라 지혜가 됩니다. 책을 삶으로 만든다는 건, 결국 반추하는 책 읽기입니다. 눈으로 읽고 끝나는 것이 아니라, 몸으로 소화해 살아내는 것입니다.

사람은 책식 동물이다

책 읽기에 필요한 것은 '책을 반추하는 소화 기관'입니다. 저는 이것을 책식 동물의 소화 기관이라고 부릅니다. 우리는 소처럼 책을 잘근잘근 씹어 읽어야 합니다. 종이책에 담긴 삶의 지식과 지혜를 그대로 삼키는 것이 아니라, 소화할 수 있도록 곱씹어 먹어야 합니다. 그래야 책은 비로소 우리 몸의 일부가 됩니다.

사람은 책식 동물입니다. 소가 여러 개의 위로 풀을 소화하듯, 사람도 여러 개의 소화 기관으로 책을 읽어야 합니다. 저는 책을 읽는 데 필요한 다섯 개의 소화 기관이 있다고 생각합니다.

① 책 읽기의 제1 소화 기관, 눈

우리는 먼저 책을 눈으로 읽어야 합니다. 눈으로 읽는 과정은 책의 섬유질을 1차로 분해하는 단계입니다. 문장 사이사이에 생각이라는 미생물을 투입해 발효시키는 과정이기도 합니다. 눈으로 읽을 때는 리듬이 중요합니다. 한 페이지씩 자기만의 속도로 넘기며 읽을 때, 책의 내용은 서서히 몸에 들어오기 시작합니다.

② 책 읽기의 제2 소화 기관, 뇌

눈으로 읽어 분해된 내용을 뇌에서 숙성시킵니다. 읽은 뒤 곱씹고, 생각하고, 연결하는 과정이 바로 뇌의 소화입니다. 이 단계에서 지식은 정보가 아니라 의미로 바뀝니다.

③ 책 읽기의 제3 소화 기관, 손

손으로 읽는다는 것은 필사를 말합니다. 마음을 붙잡는 문장을 만났을 때, 그대로 써 내려가 보십시오. 손으로 쓰는 순간, 문장 속에 담긴 삶의 통찰이 훨씬 깊게 스며듭니다. 읽는 행위가 관찰에서 체험으로 바뀌는 지점입니다.

④ 책 읽기의 제4 소화 기관, 입

입으로 읽는 것은 소리 내어 읽는 일입니다. 글에서 말맛을 느끼는 과정입니다. 말과 글은 결국 하나입니다. 입으로 읽을 때, 문장은 눈이 아니라 귀를 통해 다시 우리에게 들어옵니다. 이때 문장은 의미뿐 아니라 감각으로도 살아납니다.

⑤ 책 읽기의 제5 소화 기관, 몸

책이 완전히 소화되어 삶의 영양분이 되는 단계입니다. 저는 이 과정을 '온몸 읽기'라고 부릅니다. 몸으로 읽는다는 것은 책의 내용을 삶 속에서 다시 경험하는 일입니다. 행동이 바뀌고, 태도가 달라질 때, 책은 비로소 내 것이 됩니다.

사람은 책식 동물입니다. 눈으로 읽기, 뇌로 읽기, 손으로 읽기, 입으로 읽기, 몸으로 읽기. 이 다섯 단계를 거칠 때 우리는 '리더스 하이'에 도달합니다. 당신은 지금 몇 개의 책 소화 기관을 사용하고 계십니까? 리더스 하이의 관점에서 자신을 점검해 볼 시간입니다.

책의 종류에 따라, 책식 방식도 달라져야 한다

책마다 우리에게 제공하는 영양소는 다릅니다. 시와 소설, 에세이와 철학서는 서로 다른 성분을 가지고 있습니다. 그래서 책의 종류에 따라 소화 방식도 달라져야 합니다.

김훈 작가의 《칼의 노래》 같은 소설을 읽을 때는 제1 소화 기관인 눈으로 읽기의 비중을 높이면서, 제4 소화 기관인 입으로 읽기를 병행하는 것이 좋습니다. 그래야 서사의 흐름과 말의 맛이라는 영양소를 함께 소화할 수 있습니다.

반대로 알베르 카뮈의 《시지프 신화》 같은 철학서를 읽을 때는 손과 몸이 주력입니다. 먼저 손으로 읽으며 문장의 개념과 사유를 그대로 흡수하고, 그 사유를 자기 삶에 대입해 몸으로 읽어 봅니다. 《시지프 신화》의 첫 문장은 이렇게 시작합니다.

참으로 진지한 철학적 문제는 오직 하나뿐이다. 그것은 바로 자살이다.

그리고 이렇게 끝납니다.

산꼭대기를 향한 투쟁만으로도 인간의 마음을 채우기에 충분하다. 우리는 시지프가 행복하다고 상상해야 한다.

이 문장을 손으로 쓰고, 몸으로 살아 보려 할 때, 이 책은 단순한 철학서가 아니라 삶의 태도가 됩니다. 부조리한 세계를 직시하면서도 삶을 포기하지 않고 살아가는 자세가 몸에 새겨지는 것입니다.

책의 종류에 따라 읽기 회로는 달라져야 합니다. 신문은 눈으로 정확하게, 시는 눈과 입으로 감각적으로, 소설은 리듬과 호흡으로, 철학서는 눈과 뇌, 때로는 몸으로, 인문학서는 삶과 연결해 맥락으로 읽어야 합니다.

책을 어떻게 읽느냐에 따라, 책은 정보가 될 수도 있고, 삶이 될 수도 있습니다.

어둠을 맞으며 집으로 돌아갈 때면 하루를 해냈다는 기분보다는 하루를 해버렸다는 허탈감을 느낀다. 오늘도 나는 수없이 마음에 휘둘리며 한없이 비겁해졌다. 오늘도 살기 위해선 어쩔 수 없었다. 하루를 살아 내면 미처 정리되지 못한 삶의 미련들이 내 안에서 쌓여 독이 된다. 내 것이지만 내 마음대로 할 수 없는 독, 마음. 감히 나의 마음을 이해할 수 있을까?

조윤제, 《다산의 마지막 공부-마음을 지켜낸다는 것》

3

《데미안》으로 시작된 리더스 하이

처음 리더스 하이를 경험한 순간

처음으로 마음 공부에 빠졌던 것은 중학교 2학년 때였습니다. 저에게 마음 공부는 곧 책 읽기였습니다. 그 시작은 헤르만 헤세의 《데미안》이었습니다. 처음에는 매일 한 페이지만 읽기로 했습니다. '카인과 아벨' 장부터 시작해 점심시간마다 읽어 내려갔습니다. 중학생이 점심시간에 《데미안》을 한 장씩 읽는 모습을 떠올려 보십시오. 그때 저는 내 삶을 완전히 바꾸고 싶다는 열망 하나로 2학기 내내 그 책만 붙들고 살았습니다. 다른 책은 손도 대지 않고, 오직 《데미안》만 읽었습니다. 그해 2학기 동안 저는 《데미안》을 스무 번 넘게 반복해 읽었습니다.

점심시간이면 세상과 분리된 채 《데미안》의 세계에 들어가 있었습니다. 저는 그 안에서 처음으로 '리더스 하이'를 경험했습니다. 그때 제 안에서 가장 뜨겁게 울려 퍼졌던 문장이 있습니다. 《데미안》의 프롤로그에 나오는 이 문장입니다.

> 내 속에서 솟아 나오려는 것, 바로 그것을 나는 살아 보려고 했다. 왜 그것이 그토록 어려웠을까.

이 문장은 이후 제 삶의 이정표가 되었습니다.

인생의 방향을 찾게 해 준 《데미안》

인생은 속도가 아니라 방향이라고 합니다. 나락으로 달려가면 파멸에 더 빨리 도달할 뿐입니다. 조금 느리더라도 올바른 방향으로 나아가는 것이 중요합니다. 문제는, 어느 쪽이 올바른 방향인지 알기 어렵다는 데 있습니다. 그래서 저는 늘 생각했습니다. 인생에도 이정표가 있다면 얼마나 좋을까. 길 위의 표지판처럼 방향을 알려 주는 무언가가 있다면, 그것만 따라가도 되지 않을까.

그 이정표의 역할을 해 주는 것이 바로 '내 속에서 솟아나는 것' 이라고 믿게 되었습니다. 《데미안》이 있었기에 저는 오십이 될 때까지 큰 방향을 잃지 않고 살아올 수 있었습니다. 퇴직 이후, 저는 다시 길을 잃었습니다. 어디로 가야 할지 알 수 없어서 다시《데미안》을 꺼내 들었습니다. 열다섯 살의 소년으로 읽었던 책을, 쉰두 살의 중년이 되어 다시 읽었습니다.

그 책을 읽으며 제 삶을 돌아보았습니다. 여기까지 오도록 길잡이가 되어 준 존재들을 떠올렸습니다. 어머니, 형들, 직장에서 만났던 선배들. 그분들이 있었기에 나락으로 떨어지지 않고 올 수 있었습니다. 하지만 그분들이 닿지 못했던 어둠 속에서도 저는 혼자 버텨야 했습니다. 그때 저를 지탱해 준 동력은 무엇이었을까요. 저는 주저 없이 '책'이라고 말합니다. 책이 있었기에 저는 어둠에 묻히지 않고 견뎌 왔습니다.

저는 책을 읽으며 늘 저 자신과 대화를 합니다. 한 권을 다 읽고 나면, 그 책을 중심으로 살아갑니다. 책이 보여 주는 이정표를 따라 걸어온 삶이었습니다. 그중에서도 제 인생의 방향을 결정지은 단 한 권을 꼽으라면, 단연《데미안》입니다.

정상적인 삶의 궤도로 복귀하는 힘

《데미안》은 제 삶을 가르는 분기점이었습니다. 저는 제 인생을

BD**Before Demian**와 AD**After Demian**로 나눕니다. 그만큼 이 책은 제 삶의 기준이 되었습니다.

《데미안》은 처음으로 '자아'라는 개념을 철학적으로 마주하게 해 준 존재였습니다. 그 이후로 저는 늘 '나'라는 시선을 의식하며 세상을 바라보게 되었습니다. 지금까지 글을 쓰며 살아올 수 있었던 것도, 《데미안》이 일깨워 준 자아의 감각 덕분입니다.

소설 속 인물 데미안은 제가 닮아 가고 싶었던 이상형이었습니다. 저는 그를 삶 속에서 구현하고자 애썼고, 그 과정에서 제 안에서 솟아나는 것들을 글로 옮기기 시작했습니다. 사실 데미안을 따라 사는 삶은 고달픔의 연속이었지만, 그 고달픔이 있었기에 저는 계속 글을 쓸 수 있었습니다.

글을 쓸 때마다 저는 늘 고통스럽습니다. 그러나 동시에, 그 고통 속에서 무언가가 제 안에서 솟아오릅니다. 아이러니하게도 그 순간이 제가 느끼는 유일한 평안이었습니다. 데미안은 제 삶의 고통이었고, 동시에 제 삶의 동력이었습니다.

소년 시절, 저에게 세상은 두 개의 세계로 이루어져 있었습니다. 하나는 어둠과 죽음의 세계였고, 다른 하나는 빛과 생존의 세계였습니다. 두 세계는 엄격히 분리되어 있었고, 저는 당연히 빛과 생존의 세계에서 살아가고 있다고 믿었습니다.

어느 날, 빛으로만 이루어졌다고 생각했던 세계에 갑자기 어둠과 죽음이 덮쳐 왔습니다. 중학교 1학년이던 그해 8월 1일, 큰형이 한라산 등반 중 사고로 세상을 떠났습니다. 스무 살의 청춘이었던 형은 제게 데미안 같은 존재였습니다. 그 죽음과 함께 제 세계는 무너졌습니다. 저는 빛의 세계에서 어둠의 세계로 떨어졌고, 그 순간부터 제 삶은 폐허가 되어 갔습니다.

고등학교 때부터 술과 담배에 의지하기 시작했습니다. 몸과 마음은 점점 황폐해졌고, 폐결핵으로 얼굴에는 핏기조차 없었습니다. 결국 고등학교 2학년 1학기만 마치고 자퇴했습니다. 혼자가 된 저는 이 지독한 어둠을 감당하지 못한 채, 더 깊은 곳으로 가라앉았습니다.

그 폐허 속에서, 저를 붙잡아 준 힘은 뜻밖의 곳에 있었습니다. 바로 책이었습니다. 어둠 속에서 저를 끌어올려 준 유일한 빛이었고, 혼자 있는 시간 대부분을 그 안에서 살았습니다. 도스토예프스키의 《죄와 벌》, 레마르크의 《서부전선 이상 없다》, 이상의 《날개》, 최인훈의 《광장》, 카뮈의 《이방인》, 카프카의 《변신》, 김승옥의 《무진기행》…. 저는 그 책들 속에서 구원을 찾았습니다.

싱클레어가 베아트리체를 통해 방황에서 벗어났듯, 저는 고전 속에서 길을 찾았습니다.

"운명과 심성은 하나의 개념에 붙여진 두 개의 이름이다."

싱클레어가 베아트리체의 초상화 아래에 적어 두었던 이 문장은 제 삶의 좌표가 되었습니다. 저는 책을 이렇게 정의하고 싶습니다. 책은 제 종교였고, 이상이었으며, 안식이었습니다.

책 읽기를 통해 저는 제 운명을 발견했고, 그 운명을 제 안에서 왜곡 없이 살아 내려는 일에 매달릴 수 있었습니다. 그 덕분에 군 복무를 마친 뒤 대학에 진학했고, 졸업 후에는 대기업에 취직했으며, 사랑하는 사람과 가정을 이루었습니다. 그리고 다시 사회의 일원으로 당당히 설 수 있었습니다. 흔히 말하는 '정상적인 삶의 궤도'로 복귀할 수 있었던 힘은 모두 책에서 나왔습니다.

저는 그렇게 30여 년을 치열하게 살아왔습니다. 소년과 청년, 그리고 중년의 수레바퀴를 지나, 지금은 노년의 문 앞에 서 있습니다. 긴 터널처럼 보이는 어둠 앞에서 움츠리며《데미안》을 읽기 시작했습니다. 새로운 투쟁으로 나아갈 동력이 필요했기 때문입니다.

저는 열다섯 살 소년이 느끼지 못했던 삶과 죽음의 경계를 마주하고 있습니다. 이제는 조금 더 제 안에 귀 기울일 수 있습니다. 그 안에 무엇이 있는지, 정확히 확인하고 싶어졌습니다.《데미안》을 통해 처음 경험했던 독서의 전율은, 지금까지도 제 삶을 떠받치고 있습니다. 넘어지지 않고 여기까지 올 수 있었던 힘의 근원에는, 《데미안》을 통해 도달한 리더스 하이가 있었습니다.

그래서 저는 아직도 가끔 거울을 보며 지금의 내 모습 안에, 여전히 데미안이 살아 있는지 자신에게 묻습니다.

새는 알에서 나오려고 투쟁한다. 알은 세계다. 태어나려
는 자는 하나의 세계를 깨뜨려야 한다. 새는 신에게로 날
아간다. 신의 이름은 데미안이다.

리더스 하이에 이르는 독서 여정

작가는 사람을, 고통을, 사랑하는 능력을 책 속에 담아 냅니다. 책 속에는 작가의 지적 에너지가 고스란히 스며 있습니다. 독서는 그 지적 에너지를 읽어 내 마음에서 소화하는 일입니다. 남의 에너지를 내 에너지로 만드는 방식은 사람마다 다릅니다. 작가의 성향에 따라 지적 에너지는 다르고, 독자의 체형과 기질에 따라 독서법도 달라집니다. 이 세상에는 수많은 작가와 독자의 수만큼이나 다양한 독서법이 존재합니다.

독서법은 셀 수 없이 다양하지만, 공통점은 분명합니다. 책을 읽는 목표는 결국 하나입니다. 책을 자기만의 방식으로 소화해 마음을 풍성하게 만드는 일입니다. 독서는 작가의 지적 에너지를 내 마음속으로 끌어들여, 삶의 양분으로 바꾸는 과정입니다.

실제로 많은 사상가와 작가들은 독서를 '정보 습득'이 아니라 '삶의 확장'으로 설명해 왔습니다. 철학자 프랜시스 베이컨은 "독서는 인간을 완성시킨다"라고 말합니다. 베이컨에게 독서는 지식을 쌓는 행위가 아니라, 인간 자체를 깊어지게 만드는 과정이었습니다.

독서를 통해 사람은 더 많은 삶을 살아 보고, 더 많은 관점을 경험하게 됩니다. 그래서 우리는 책을 많이 읽을수록 생각의 지평이 넓어지고, 타인의 삶을 이해하는 능력도 함께 자라납니다.

누구나 자기만의 독서법이 있습니다. 어떤 사람은 요약하지 않고 마음에 남는 문장을 붙잡고, 어떤 사람은 책의 전체 흐름을 따라가며 읽습니다. 방식은 다르지만, 모두 각자의 방식으로 책을 소화합니다.

저에게도 오랫동안 이어 온 독서법이 있습니다. 저는 책을 읽을 때 요약에 큰 의미를 두지 않습니다. 대신 마음에 걸리는 문장 한 줄, 고개가 끄덕여지는 문단만 표시합니다. 그리고 노트에 이렇게 적습니다.

"왜 이 문장이 나를 멈추게 했을까?"

요약은 정보를 남기지만, 문장은 사고를 남깁니다. 그렇게 남겨진 문장의 실타래를 따라가다 보면, 마음이 확장되는 경험을 하게 됩니다. 텍스트의 표면을 훑기보다 문장의 심연으로 걸어 들어가 마음으로 읽어 내는 것, 그렇게 만난 문장은 나의 부끄러움과 갈망을 비추는 선명한 거울이 됩니다.

이 방식은 사실 많은 작가가 공통적으로 실천해 온 독서법이기도 합니다. 독일 철학자 프리드리히 니체도 독서를 '천천히 되새김질하는 과정'에 비유했습니다. 그는 한 문장을 여러 번 곱씹으며 읽었고, 이해되지 않는 문장은 며칠을 붙잡고 고민했습니다. 그렇게 문장을 통해 사유하는 독서야말로 인간을 변화시킨다고 믿었습니다.

책 읽기의 효과는 삶을 있는 그대로 인식할 수 있는 생각을 심어 주는 데 있습니다. 삶의 원리를 이해하는 것만으로도 삶의 방향은 달라집니다. 책을 읽으며 문장 하나를 음미하다가 문득 깨닫게 되는 순간, 저는 그것을 '리더스 하이'라고 부릅니다.

이 감각은 마치 운동을 하다 어느 순간 숨이 가벼워지고, 몸이 리듬을 타기 시작하는 순간과도 비슷합니다. 처음에는 버거웠던 독서가 어느 순간부터는 사유의 즐거움으로 바뀝니다. 문장을 이해하는 것이 아니라, 문장이 나를 이해하는 느낌이 들기 시작합니다.

책과 독자의 궁합에 따라 독서법은 제각각입니다. 하지만 분명한 것은, 깊이 읽는 사람일수록 삶도 깊어집니다. 문장을 오래 붙잡고 생각하는 사람일수록, 자신의 감정과 생각을 더 정확히 인식하게 됩니다.

저는 그동안 책을 읽고 리뷰를 쓰며 저만의 독서법을 다져 왔습니다. 지금부터 제가 실전에서 쌓아 온 '리더스 하이'의 핵심적인 독서법을 정리해 차례대로 말씀드리겠습니다. 이 독서법은 더 많이 읽기 위한 것이 아니라, 더 깊이 살아가기 위한 방법입니다. 책을 통해 얻는 것은 지식이 아니라, 결국 내 삶을 바라보는 관점의 변화이기 때문입니다.

사람을, 고통을, 말들을 오래 생각해야 하니까. 그래서 나는 사랑의 능력을 잃어버리지 않기 위해서라도 계속 듣는 사람, 들은 이야기를 나누는 사람, 즉 쓰는 사람으로 살고 싶다.

은유, 《은유의 글쓰기 상담소》

4

리더스 하이 독서법

눈 이외에
손과 입, 뇌와 몸으로 읽어라

한 번에 많이 읽지 않는 대신 정독하라

정독은 뜻을 새기며 자세히 읽는 것을 말합니다. 리더스 하이에 빠지는 경우는 대부분 정독에서 나옵니다. 저만의 정독 방법은 눈 이외에 다른 감각 기관을 함께 사용하는 독서입니다. 눈으로만 읽으면 속도는 빨라지지만, 깊이에는 한계가 있습니다. 저는 느리게, 그러나 깊게 읽기 위해 손과 입, 뇌와 몸으로 책을 읽습니다.

이 방법은 하루키의 글쓰기 방식에서 배웠습니다. 하루키는 "나는 하루에 정해진 분량 이상 쓰지 않는다"라고 말합니다. 책 읽기도 마찬가지입니다. 한 번에 많이 읽기보다, 적은 분량을 여러 감각으로 곱씹으며 읽는 것이 중요합니다. 눈으로 많은 분량을 읽으려는 순간, 깊이는 무너집니다. 저는 하루에 10쪽만 읽더라도, 그 10쪽을 손으로 적어 보고, 입으로 소리 내어 읽고, 몸으로 느끼며 집중합니다. 중요한 것은 분량이 아니라 깊이입니다.

정독 독서법을 가장 잘 적용한 책이 바로 유발 하라리의 《사피엔스》입니다. 저는 이 책을 통해 사피엔스가 20만 년 동안 어떻게 지구의 지배적 존재가 되었는지를 긴 호흡으로 따라갔습니다. 인류의 자아를 이해하기 위한 독서였습니다. 정독 덕분에 저는 이 책을 읽으며 리더스 하이에 빠질 수 있었고, 인류의 사회적 자아가 어떻게 형성되었는지를 깨닫는 지식의 카타르시스를 경험했습니다.

유발 하라리는 서문에서 이렇게 말합니다.

나는 이 책이 독자 스스로 '우리는 누구인가, 어디서 왔는가, 어떻게 해서 이처럼 막대한 힘을 얻게 되었는가'를 이해하는 데 도움이 되기를 소망한다.

이 문장에 깊이 공감하며, 저는 20만 년의 인류 역사를 천천히 들여다보았습니다. 《사피엔스》를 읽으며 저는 우주의 생명체로서 살아가는 사피엔스, 그리고 그 흐름 속에 놓인 나 자신을 발견하는 시간을 가졌습니다. 독서가 주는 축복입니다. 우리가 우주와 인류의 역사를 알고, 그 안에서 내 삶의 서사를 인식할 수 있는 것은 결국 독서의 힘입니다.

시야를 확장하는 순간 느끼는 희열

독서는 우리의 시야를 확장합니다. 칼 세이건의 《코스모스》를 읽으면 우주의 원리 속에서 살아가는 물리적 존재로서의 '나'를 발견하게 되고, 유발 하라리의 《사피엔스》를 읽으면 생물학적 존재로서의 '나'를, 헤르만 헤세의 《데미안》을 읽으면 인간적 존재로서의 '나'를 만나게 됩니다. 책은 자아를 지구의 생명으로, 더 나아가 우주의 물질로 확장해 줍니다. 이 시야가 확장되는 순간, 우리는 특별한 감각을 경험합니다. 저는 이 감각을 리더스 하이라고 부릅니다.

퇴직 이후 인생 2막을 준비하며 저는 어떤 책을 읽어야 할지 오래 고민했습니다. 가볍게 읽히는 자기계발서도 많았지만, 지금의 저에게 필요한 것은 속도가 아니라 방향이라고 느꼈습니다. 그래서 선택한 책이 《사피엔스》였습니다. 인간을 개인이 아니라 종種의 역사 속에서 바라보는 관점이, 앞으로의 삶을 설계하는 데 더 근본적인 기준이 될 것으로 생각했기 때문입니다.

솔직히 말해 《사피엔스》를 처음부터 끝까지 정독하는 일은 쉽지 않았습니다. 600쪽이 넘는 분량은 요즘 독서 환경에서는 꽤 부담스러운 선택입니다. 하지만 저는 이 책만큼은 속독하거나 발췌해서 읽고 싶지 않았습니다. 사유가 필요한 책은 호흡을 맞춰 읽어야 한다고 믿었기 때문입니다. 그래서 하루에 많이 읽기보다는, 조금씩 곱씹으며 읽는 방식을 택했습니다.

이렇게 읽다 보니, 책은 단순한 지식의 저장소가 아니라 사고의 속도를 조절하는 장치처럼 느껴졌습니다. 인류가 약 20만 년 전 등장해 어떻게 지구의 지배적 존재가 되었는지를 따라가다 보니, 자연스럽게 제 삶의 위치도 함께 떠올리게 되었습니다. 당장의 성과나 비교, 불안보다 나는 지금 어디에 서 있으며, 무엇을 향해 가고 있는가 하는 질문들이 머릿속에 남았습니다.

정독은 정보를 많이 얻기 위한 것이 아니라 생각의 프레임을 바꿉니다. 빨리 가기 위한 독서가 아니라, 멀리 보기 위한 독서입니다. 리더스 하이는 책을 많이 읽는다고 생기는 감각이 아닙니다. 자신을 오늘의 나에 가두지 않고, 인류 역사 속 하나의 존재로 바라볼 수 있을 때 찾아오는 상태입니다. 저는 《사피엔스》를 정독하며, 그 감각을 분명히 경험했습니다. 그리고 그 순간, 삶이 이전보다 조금 더 단단해졌다는 느낌을 받았습니다.

반복되는 리듬 독서법

매일 같은 시간, 책 읽기의 리듬을 만들어라

리더스 하이에 도달하는 과정은 쉽지 않습니다. 책을 읽겠다고 결심하는 사람은 많지만, 책을 읽는 리듬을 가진 사람은 많지 않습니다. 대부분은 '하루 몇 분 읽기'라는 목표를 세우지만, 문제는 시간보다 반복입니다. 목표는 세우지만, 반복하지 못하고 그만두기 때문입니다.

처음에는 고정된 시간을 정하는 것이 필요하지만, 리더스 하이에 이르기 위해서는 시간보다 더 중요한 것이 있습니다. 바로 행위의 순서를 고정하는 것입니다. 즉 삶 속에 독서가 들어갈 자리를 만드는 일입니다. 행위가 행위로 이어질 때, 책은 '해야 할 일'이 아니라 '자연스럽게 이어지는 일'이 됩니다.

하루키가 달리기 후 글을 쓰듯, 저는 달리기 후 책을 펼쳤습니다. 운동을 마치고 샤워를 한 뒤, 아무 생각 없이 책을 집어 들었습니다. 이때부터 책 읽기는 의지가 아니라 리듬이 되었습니다.

매일 새벽 5시, 30분 책 읽기

나는 매일 새벽 5시에 일어나 30분씩 같은 책을 읽었습니다. 그 책이 《마흔에 읽는 쇼펜하우어》였습니다. 처음 며칠은 솔직히 집중이 잘 되지 않았습니다. 내용도 쉽게 들어오지 않았고, 졸린 눈으로 페이지를 넘기기 바빴습니다.

그런데 4~5일이 지나자 이상한 변화가 생겼습니다. 아침에 책을 안 읽으면 하루가 어딘가 빠진 느낌이 들었습니다. 그때 처음 책 읽기가 더 이상 '해야 할 일'이 아니라 '하지 않으면 불편한 일'이 되었다는 것을 알았습니다. 이게 리더스 하이의 시작이었습니다.

이 책은 5개의 장, 인생, 자신, 행복, 관계, 그리고 삶의 태도로 구성되어 있습니다. 지금 돌이켜보면 저는 책을 '이해'했다기보다 책 속에서 내 삶을 계속 되짚고 있었습니다.

1장을 읽는 동안에는 아침마다 인생이 왜 이렇게 무거운지 묻게 됐고, 2장을 읽을 때는 저 자신을 고쳐야 할 대상이 아니라 이해해야 할 존재로 보기 시작했습니다. 3장을 읽으면서는 조금 덜 흔들리며 하루를 살게 되었고, 4장을 읽는 동안에는 사람들과의 거리, 고독의 의미를 다시 생각하게 되었습니다. 마지막 5장을 덮을 즈음에는 행복이 무엇인지 묻기보다 어디에 집착하며 살아왔는지를 돌아보게 됐습니다.

저는 이 책을 읽은 게 아니라, 이 책과 함께 20일 동안 같은 시간, 같은 자세로 저 자신을 반복해서 바라본 것입니다.

리더스 하이는 '깨달음'이 아니라 '전환'이다

리더스 하이는 어떤 철학적 깨달음이 아니고, 특별한 문장을 만나는 순간도 아닙니다. 리더스 하이는 어느 날 문득 깨닫는 변화입니다.

"책을 안 읽으면, 하루가 어색하다."

이 상태가 되면 책 읽기는 이미 삶의 구조 안으로 들어온 것입니다. 이제 책은 지식이 아니라 하루를 여는 장치가 되고, 리듬이 됩니다. 또한 삶의 방향을 점검하는 기준이 됩니다.

매일 같은 시간에 읽는 것은 내용을 기억하기 위해서가 아니라 몸이 기억하게 만들기 위해서입니다. 머리는 쉽게 잊지만, 몸은 리듬을 잊지 않습니다. 책을 읽고 나면 그날 하루 동안 그 문장이 계속 떠오르며, 사유의 잔상이 남습니다. 이 잔상이 쌓이면 독서는 정보가 아니라 삶의 해석 도구가 됩니다.

독서는 습관이 아니라 리듬이다

리더스 하이는 이렇게 만들어집니다.

1단계: 시간을 정한다

2단계: 매일 반복한다

3단계: 다른 행위와 연결한다

4단계: 독서가 삶의 일부가 된다

5단계: 책이 필요해지는 사람이 된다

이때부터 독서는 노력이 아니라 구조가 됩니다. 저는 책을 읽고 나면 반드시 짧게라도 글을 씁니다. 왜냐하면 글쓰기는 독서의 마침표이기 때문입니다. 읽는 것은 받아들이는 일이고, 쓰는 것은 자기 것으로 만드는 일입니다. 글의 문체는 그 사람의 사유 방식이라서 글을 쓰다 보면 자신이 무엇을 중요하게 생각하는지 자연스럽게 드러납니다. 독서가 정신의 입력이라면, 글쓰기는 정신의 출력입니다. 이 둘이 연결될 때 리더스 하이는 완성됩니다.

독서를 꾸준히 하지 못하는 이유는 의지가 약해서가 아니라 삶 속에 자리가 없기 때문입니다. 리듬이 없는 독서는 언제든 밀려납니다. 반면, 리듬이 생긴 독서는 없으면 불편해집니다. 독서가 습관이 아니라 리듬이 되는 순간, 책은 인생을 설명하는 도구가 아니라 인생을 통과하는 방식이 됩니다. 그 순간이 바로, 리더스 하이입니다.

뇌와 몸을 동시에 쓰는 독서

책을 통합하지 말고, 세분화해서 읽어라

책은 통째로 읽을 수도 있지만, 모든 책을 그렇게 읽을 필요는 없습니다. 특히 사고를 자극하고 삶에 적용하고 싶은 책이라면, 저는 통합이 아니라 세분화해서 읽습니다. 뇌와 몸을 활용한 독서란, 책 한 권을 처음부터 끝까지 관통하는 방식이 아니라, 장별로 쪼개 읽고, 장마다 나만의 '결과물'을 남기는 것입니다.

저는 책을 장 단위로 나누어 읽고, 읽자마자 따로 정리합니다. 요약이 아니라, 그 장을 통해 내가 무엇을 느꼈고, 어떤 질문이 생겼는지를 기록합니다. 이때 중요한 것은 '얼마나 많이 이해했는가'

가 아니라, 내 뇌와 몸이 얼마나 반응했는가입니다.

왜 세분화해서 읽는가

통째로 읽으면 내용은 남지만, 감각은 사라집니다. 반면 세분화해서 읽으면, 정보는 줄어들지만 기억과 사고는 남습니다. 장 하나는 하나의 사고 실험이고, 하나의 질문이며, 하나의 행동 제안이라 할 수 있습니다. 그래서 저는 책을 '완독'하지 않는 대신 장마다 완성합니다. 카이스트 정재승 교수의 《열두 발자국》을 세분화하여 읽은 방식을 소개하겠습니다.

저는 뇌의 활용도를 높이고 싶어 정재승 교수의 《열두 발자국》을 선택했습니다. 특히 1부를 장별로 쪼개 읽으며, 장마다 '한 줄 결과물'만 남겼습니다.

1장 첫 번째 발자국은 의사결정과 선택입니다. 여기서 읽고 남은 문장은 "나는 합리적으로 선택한다고 믿지만, 사실 감정에 끌려다닌다"입니다.

2장 두 번째 발자국은 결정장애입니다. 2장에서 읽고 남은 질문은 "나는 무엇을 미루고 있는가, 그리고 왜 아직 선택하지 않는가?"입니다.

3장 세 번째 발자국은 결핍과 욕망입니다. 읽고 남은 통찰은 "결핍은 동력이 되기도 하지만, 집착이 되기도 한다"입니다.

4장 네 번째 발자국은 놀이와 일입니다. 읽고 남은 태도 변화는 "일만 하느라 놀이를 잃으면, 결국 혁신도 사라진다"입니다.

5장 다섯 번째 발자국은 새로고침입니다. 읽고 남은 행동 하나는 "환경을 바꾸지 않으면, 삶은 바뀌지 않는다"입니다.

6장 여섯 번째 발자국은 미신과 믿음입니다. 읽고 남은 원칙은 "나는 쉽게 믿지 않되, 가능성은 닫지 않는다"입니다.

이렇게 남긴 것은 책 내용이 아니라, 책을 읽은 뒤 바뀐 저의 사고 흔적입니다. 이 독서법의 핵심은 세 가지로 정리해 볼 수 있습니다.

첫째, 요약하지 않고, 대신 질문, 문장, 행동 하나만 남기는 것입니다.

둘째, 완독을 목표로 하지 않고, 장 하나를 '완성'하는 것입니다.

셋째, 저자의 말이 아니라, 내 안에서 일어난 변화를 적습니다.

리더스 하이는 책을 다 읽었을 때가 아니라 한 장을 읽고, 생각이 바뀌었을 때 오는 상태입니다. 통합 독서는 지식을 늘려 주지만, 세분화 독서는 사고의 방향을 바꿔 줍니다. 그래서 저는 더 이상 "이 책을 다 읽었는가?"를 묻지 않습니다. 대신 이렇게 묻습니다. "이 장은 내 삶에 무엇을 남겼는가?" 그 질문이 쌓일수록, 독서는 정보 소비가 아니라 사고 훈련이 됩니다.

'읽기'와 '보기'는 다르다. 읽기는 사유를 가능하게 하지만 보기는 그렇지 않
다. 새로운 언어, 즉 나의 사유체계에 없는 언어와 만날 때 우리는 그 언어의
의미를 해석해 본다.
유영만·박영후, 《언어를 디자인하라》

5

나는 책으로 세상을 본다

책은 삶을 바라보는 렌즈다

책은 언어의 집합체입니다. 언어라는 벽돌이 차곡차곡 쌓여 만들어진 하나의 건축물입니다. 책 읽기는 작가가 쌓아 올린 그 건축물의 정상에 올라가는 일입니다. 정상에는 망원경과 현미경이 놓여 있습니다. 그곳에서 우리는 세상과 그 속에 있는 자신을 동시에 바라보게 됩니다.

책 읽기는 세상을 바라보는 망원경이 되기도 하고, 나를 바라보는 현미경이 되기도 합니다. 저는 책을 읽고, 책을 쓰고, 책을 출간하는 과정을 거치며 이 두 가지 렌즈를 얻게 되었습니다. 그 렌즈를 갈아 끼우면서 멀리 보기도 하고, 깊이 들여다보기도 합니다.

망원경은 멀리 있는 세계를 눈앞으로 끌어당기는 도구입니다.

제가 처음 망원경의 위력을 실감한 것은 초등학교 4학년 때였습니다. 미국에 이민 간 삼촌에게 선물로 받은 망원경을 친구가 자랑스럽게 보여 주던 날이었습니다. 딱 한 번, 친구의 허락을 받아 접안렌즈에 눈을 대고 멀리 바라보았는데, 요술처럼 저 멀리 있던 사람이 눈앞으로 다가와 또렷하게 보였습니다. 그 순간 저는 깨달았습니다. 내 시력으로는 결코 볼 수 없던 세계가 분명히 존재한다는 사실을 말입니다.

그 이후로 저는 책 읽기를 떠올릴 때마다 그 망원경이 생각납니다. 내 생각만으로는 닿을 수 없는 세계를, 책은 대신 보여 주기 때문입니다. 우리가 머릿속에서 그릴 수 있는 세상은 생각보다 좁습니다. 눈으로 볼 수 있는 세계가 제한되어 있듯, 생각의 시야 역시 한정되어 있습니다. 그러나 책을 읽고 쓰는 순간, 그 한계를 넘어서는 세계가 열립니다. 더 멀리, 더 넓게, 더 깊게 삶을 바라볼 수 있게 됩니다.

책 읽기는 생각의 망원경입니다. 책을 통해 우리는 무지개 너머의 세계를 상상할 수 있고, 인간 내면의 본성을 들여다보며, 삶의 이면에 숨겨진 의미를 발견할 수 있습니다. 그리고 책 쓰기는 생각의 경계를 확장하는 가장 강력한 도구입니다. 읽기가 시야를 멀리까지 확장해 준다면, 쓰기는 그 시야를 넘어 새로운 세계에 들어 가는 일이기 때문입니다.

기록하는 사람이 살아남는다

우리는 흔히 지금을 '적자생존의 시대'라고 부릅니다. 적응하는 사람만이 살아남는다는 의미입니다. 이제 이 말은 새롭게 해석되어야 합니다. 적자생존은 '적응하는 자'가 아니라 '적는 자'의 생존입니다. 기록하는 사람이 살아남고, 기록하는 사람이 성공하는 시대입니다. 모든 환경이 완벽하게 갖춰지는 순간은 오지 않습니다. 대신 우리는 상황을 기록함으로써 자신에게 유리한 조건으로 바꿔야 합니다. 그래서 지금 당장 책을 써야 합니다. 책은 세상의 끝을 바라볼 수 있는 망원경이기 때문입니다.

한편, 현미경은 작은 사물을 자세히 들여다보는 도구입니다. 저는 현미경이야말로 우리가 자기 자신을 바라보는 데 필요한 렌즈라고 생각합니다. 현미경의 배율은 고통으로 만들어집니다. 고통의 강도가 클수록, 우리는 자신을 더 깊이 관찰하게 됩니다. 그래서 "나를 죽이지 못하는 고통은 나를 강하게 만든다"라는 말이 존재하는 것입니다.

살아가다 보면 누구나 시련을 만납니다. 겉으로 행복해 보이는 사람들도 각자의 고충을 안고 살아갑니다. 다만 그 차이는 시련을 대하는 태도에 있습니다. 성공한 사람들을 가까이에서 보면, 모두 고통에서 물러나지 않는 자기만의 방식이 있었습니다. 고통을 피하지 않고 기록하고, 성찰하고, 의미로 바꾸는 힘이 있었던 것입니다.

책은 우리 마음의 세포 하나하나를 들여다보게 만드는 현미경입니다. 특히 손으로 쓰며 읽는 독서는, 마음을 가장 정밀하게 관찰할 수 있는 렌즈를 만들어 줍니다. 글을 쓰는 순간, 우리는 감정을 정리하고, 생각을 구조화하며, 삶을 이해하게 됩니다.

마지막으로 두 가지만 기억하시길 바랍니다.

첫째, 세상과 나는 동전의 양면이라는 사실입니다. 하나는 내가 바라보는 세상이고, 다른 하나는 내가 기대하는 나 자신입니다.

둘째, 이 두 양면은 책 속에서 하나로 만납니다. 결국 망원경과 현미경은 하나의 다초점 렌즈입니다. 중요한 것은 책 읽기입니다. 더 나아가, 책 읽기를 통해 리더스 하이를 경험하는 일입니다.

책 읽기는 상상과 현실의 차이를 미리 보여 주는 인생의 타임머신입니다. 그 타임머신을 타는 순간, 우리는 조금 더 현명한 방향으로 삶을 선택하게 됩니다.

고전은 언제나 현재형이다

책에는 불변의 가치가 있습니다. 그래서 우리는 몇백 년 전의 책을 지금도 읽습니다. 백 년이 넘는 시간 속에서도 변하지 않는 가치는 여전히 우리의 삶에 방향을 제시합니다.

저는 오십이 넘어서 작가가 되었습니다. 그 나이에 글쓰기를 시작할 수 있었던 힘은 어디에서 왔을까요? 바로 어릴 적 읽었던 고전들 덕분입니다. 고전은 인생의 방향을 잡아 주는 좌표이자, 삶의 근원을 비추는 거울이었습니다.

사람이 살아가는 방식의 큰 줄기는 천 년 전이나 지금이나 크게 달라지지 않았습니다. 인간의 욕망, 두려움, 사랑, 실패와 같은 근원적인 문제들은 시대를 넘어 반복됩니다. 그래서 우리는 같은 고민을 하며 쳇바퀴를 도는 듯한 삶을 살아갑니다. 우리 삶을 지탱하는 기본 구조와 핵심 가치는 쉽게 변하지 않습니다. 여전히 고전과 역사는 21세기의 삶에 영감을 줍니다. 삶의 의미를 깊게 하려면 우리는 오늘도 고전을 읽고 역사를 공부해야 합니다. 저는 모건 하우절의 《불변의 법칙》을 읽으며, 오천 년의 역사 속에서 절대로 변하지 않는 것들이 무엇인지 다시 확인하게 되었습니다. 변하는 것과 변하지 않는 것을 구분하는 것만으로도 삶의 방향이 또렷해진다는 사실이 놀라웠습니다.

고전에서 불변의 법칙을 포착하기 위해서는 유연한 사고가 필요합니다. 각기 다른 시대를 살았던 사람들의 환경을 이해하고, 그 차이를 넘어 흐르는 공통된 가치를 발견하는 힘이 중요합니다. 고전 속 인물들이 겪었던 삶의 조건 속에서도 유효했던 가치가 오늘 우리의 삶에도 여전히 작동하고 있음을 발견하는 것, 그것이 바로 독서의 핵심입니다. 누구나 독서 전문가가 될 수 있습니다. 고전을 통해 과거의 이야기가 지금 나의 이야기로 이어지는 경험을 할 수 있다면, 이미 충분합니다.

고전 속에 담긴 불변의 가치

고전을 읽는다는 것은 곧 자기 자신을 들여다보는 일입니다. 동시에 우리 사회의 법칙을 탐구하는 일이기도 합니다. 고전이라는 거울에 비치는 타인의 삶은, 아직 인식하지 못한 나 자신의 모습을 보여 줍니다. 그 탐구의 과정은 오늘의 삶을 버텨 낼 힘이 됩니다. 우리는 미래를 완벽하게 예측할 필요는 없습니다. 고전 속 불변의 가치를 이해하는 것만으로도 현재의 삶을 매우 충실하게 살아갈 수 있습니다.

현대 사회는 과학과 기술의 발달로 급격히 변화하고 있습니다. 사회 구조와 문화는 빠르게 바뀌고, 우리는 그 변화를 따라가느라 숨 돌릴 틈조차 없습니다. 변화 자체에만 몰두하다 보면, 정작 우리 삶을 지탱하는 불변의 가치를 돌아볼 여유를 잃게 됩니다. 저 역시 한동안 고전을 멀리했습니다. 그러다 다시 고전 속에서 변하지 않는 것을 찾아야 한다는 사실을 《불변의 법칙》을 통해 깨닫게 되었습니다. 그것이 제가 다시 고전을 읽게 된 이유입니다.

《불변의 법칙》은 절대 변하지 않는 것들에 대해 23가지 이야기를 들려줍니다. 이 책을 통해 제가 정리한, 고전을 읽어야 하는 이유는 세 가지입니다.

첫째, 고전은 미래를 예측하는 힘을 길러 줍니다. 미래는 정확히 알 수 없지만, 인간이 반복해 온 패턴을 통해 방향은 가늠할 수 있습니다. 우리는 이미 상당한 예측 능력을 지니고 있습니다. 다만 언제나 뜻밖의 돌발 변수를 놓칠 뿐입니다. 고전은 그 돌발 변수를 사람들이 어떻게 견뎌 왔는지 보여 주는 기록입니다. 그래서 우리는 고전을 통해 변화에 적응해 온 역사를 배워야 합니다.

둘째, 고전이 말하는 행복의 핵심 원칙은 기대치를 낮추는 것입니다. 행복을 향한 과도한 열망은 오히려 삶을 불안과 절망으로 몰아넣습니다. 더 많이, 더 빨리, 더 큰 것을 원하는 마음은 자연스러운 감정이지만, 그 욕망이 커질수록 만족은 멀어집니다. 이 사실은 이미 수백 년 전 고전 속에 반복해서 등장한 진리입니다.

셋째, 자기만의 삶의 스토리는 언제나 통계보다 강력합니다. 자기만의 이야기를 가진 사람은, 동시에 불완전한 모습도 함께 지니고 있습니다. 사람들은 완벽한 정보보다 확실한 이야기에 끌립니다. 스토리에는 측정할 수 없는 힘이 있습니다. 인간은 숫자가 아니라 서사로 세상을 이해하기 때문입니다.

좋은 아이디어라도 무리하게 속도를 내면 오히려 독이 됩니다. 순간적인 판단과 감정으로 인생의 방향을 정하기보다, 고전 속에서 이미 삶을 살아 낸 사람들이 남긴 통찰을 내면화해야 합니다.

삶에서 중요한 것은 더 많은 데이터나 더 정교한 예측이 아닙니다. 진짜 중요한 것은 변하는 세상 속에서 변하지 않는 것이 무엇인지 아는 것입니다. 고전 속 불변의 가치는 수백 년 전에도 의미가 있었고, 앞으로 수백 년 후에도 여전히 유효할 것입니다. 고전은 과거의 책이 아니라, 현재를 살아가기 위한 지혜이며, 미래를 통찰하게 만드는 직관입니다. 고전을 읽는다는 것은, 변화를 좇는 일이 아니라 불변을 발견하는 일입니다. 그 불변 속에서 우리는 흔들리지 않는 삶의 기준을 얻게 됩니다.

름의 생각과 주장을 가져야 한다는 뜻이다.

우리가 책을 읽는 목적은 나와 다른 생각을 하면서 살아가는 낯선 사유 체계에 접속하기 위해서다. 따라서 책을 읽을 때는 의도적으로 시간을 내어 '깊이 읽어야' 한다. 깊이 읽기란, 개념을 곱씹고 문장의 의미를 해석하며 자기 나름의 생각과 주장을 가져야 한다는 뜻이다.

유영만·박영후, 《언어를 디자인하라》

6

읽는 삶에서 바꾸는 삶으로

왜 책을 읽어야 하는가

트레바리라는 독서 모임이 있습니다. 저는 이곳에서 '아니벌써 은퇴공부'라는 클럽을 개설해 클럽장으로 활동하고 있습니다. 매달 한 권의 책을 선정해 읽고 독후감을 제출한 뒤, 셋째 주 토요일 오전 10시에 트레바리 안국 아지트에 모여 약 4시간 동안 독서 모임을 합니다. 가끔은 번개 모임을 열어 좀 더 자유롭게 교류하기도 합니다. 기본적인 활동의 중심은 늘 같습니다. 책을 읽고, 책을 중심으로 삶의 이야기를 나누는 일입니다.

트레바리에는 '놀러가기'라는 제도가 있습니다. 다른 클럽의 모임에 참여할 수 있는 서비스입니다. 저는 1년 넘게 클럽을 운영해왔지만, 한 번도 다른 클럽에 놀러 가 본 적은 없었습니다. 그러다

이번에 처음으로 '기어코 답을 찾는 사람들'이라는 클럽에 놀러 가게 되었습니다. 그 클럽장은 전 직장 동료이자 저를 트레바리 클럽장으로 소개해 준 분이라 마음이 한결 편했습니다. 선정 도서도 이미 읽었던 《타이탄의 도구들》이어서 독후감도 어렵지 않게 쓸 수 있었습니다. 전에도 신청했지만, 그때는 선정되지 않았고, 이번에야 비로소 선정되었다는 연락을 받았습니다.

그날의 독서 모임은 제가 해 오던 방식과는 매우 달랐습니다. 저는 늘 그달의 책을 중심으로, 될 수 있으면 책의 범위를 벗어나지 않게 운영합니다. 반면 그 클럽은 책을 출발점으로 삼되, 훨씬 자유롭게 자신의 이야기를 나누는 방식이었습니다. 책에 얽매이지 않고 경험과 생각을 풀어놓는 모습에서, 이것 또한 성숙한 클럽 운영 방식이라는 생각이 들었습니다.

그 모임에서 회원들이 공통으로 이야기한 주제가 있었습니다. "우리는 왜 책을 읽는가?"라는 질문이었습니다. 독서는 몸으로 배우는 학습과 달리 직접적인 기술 습득과는 거리가 있습니다. 비즈니스 현장에서 당장 써먹는 방법을 알려 주지도 않습니다. 그렇다면 독서는 어디에 쓸모가 있을까요?

그들이 말한 독서의 쓸모는 미래를 예측하기 위함도, 실용적인 기술을 얻기 위함도 아니었습니다. 독서의 진짜 가치는 우리의 지평을 넓히는 데 있다고 했습니다. 우리는 모든 지식을 경험으로 채울 수 없고, 스승에게 일대일로 배울 수도 없습니다. 독서는 우리가 살아 보지 못한 세계를 대신 경험하게 해 줍니다. 그들은 독서의 가장 큰 장점으로 '즐거움'을 꼽았습니다. 책 읽기 자체에 쾌감이 있다는 것입니다.

독서의 즐거움

그렇다면 독서의 즐거움은 어디에서 오는 것일까요. 독서의 즐거움은 지식과 간접 경험을 통한 사고력의 확장, 스트레스 완화와 정신 건강, 그리고 자기 성찰에서 비롯됩니다. 우리는 책을 통해 다양한 인물과 삶을 간접적으로 경험하며 공감 능력을 키웁니다. 뇌를 활성화해 창의적 사고를 자극하고, 궁극적으로는 삶의 의미를 돌아보게 됩니다.

책 읽기는 우리의 정신세계를 풍요롭게 합니다. 심리적 안정을 돕고, 깊은 사유를 가능하게 하며, 삶의 속도를 조절해 줍니다. 과거와 현재, 그리고 미래를 연결하면서 자기 삶을 입체적으로 바라보게 합니다. 언어 능력과 집중력, 사고력도 함께 자라납니다. 중요한 것은 거창한 독서가 아니라, 자신에게 맞는 책을 골라 매일 조금씩 읽고, 읽은 내용을 기록하며 꾸준히 이어 가는 습관입니다.

그날 모임에서 제게 발언 기회가 왔을 때, 저는 자주 꺼내는 친구 이야기를 했습니다. 책 읽기의 이유를 설명할 때마다 들려주는 이야기입니다. 제 친구는 사회 문제를 고민하는 '서생적 문제의식'보다는 효율성을 추구하는 실용적 태도인 '상인의 현실 감각'이 뛰어난 사람이었습니다. 동대문에서 의류 원단 장사를 하며 큰돈을 벌었고, 늘 저에게 이렇게 물었습니다.

"책이 돈이 되고 밥이 되는 거야?"

제가 책을 읽을 때도, 작가가 되어 책을 쓸 때도 그는 늘 같은 질문을 했습니다. 그에게 책은 한 번도 돈이 된 적도, 밥이 된 적도 없었습니다. 그래서 책은 고상한 취미일 뿐이라고 여겼습니다. 그는 롤렉스 시계를 차는 멋을 좋아했고, 저는 《데미안》을 읽는 멋을 좋아했습니다. 저는 그에게 이렇게 말했습니다.

"책은 나에게 돈도 아니고 밥도 아니고, 삶의 멋이야."

그 친구가 위암 말기 판정을 받고 투병 중이라는 소식을 듣고 그를 만나러 갔습니다. 그가 탁자 위에 놓인 성경책을 가리키며 말했습니다.

"나 요즘 저 성경책만 읽어. 너무 마음이 평안해져."

그는 성경 속에 인간의 삶이 다 들어 있다고 했습니다. 요즘처럼 자신을 깊이 들여다본 적이 없었다고도 했습니다. 지난 57년의 삶이 한꺼번에 보인다고, 거울 앞에 선 것처럼 지금의 자신이 선명해진다고 말했습니다. 평생 돈과 힘만 추구하던 친구의 입에서 나온 말이었습니다. 그가 마지막으로 제게 했던 말은 이랬습니다.

"책은 돈도 아니고, 밥도 아니고, 멋도 아니고… 그냥 내 삶의 거울인 것 같아. 책은 그것이면 충분해."

그렇습니다. 우리는 책을 통해 과거와 현재, 미래의 나를 동시에 바라볼 수 있습니다. 개인의 삶뿐 아니라 인류의 역사도 만납니다. 인류는 약 20만 년의 시간을 살아왔지만, 우리는 그 모든 경험을 직접 겪을 수 없습니다. 그러나 책을 읽음으로써 그 삶의 궤적을 간접적으로 체험할 수 있습니다. 독서는 개별 인간이 감당할 수 없는 시간을 내 삶으로 끌어오는 일입니다.

삶의 경험 차이에서 생기는 '충돌'

독서 모임에서 얻는 것은 생각보다 훨씬 많습니다. 클럽장으로서 준비할 것도 많고, 에너지도 많이 듭니다. 그런데도 제가 이 역할을 계속하는 이유는 분명합니다. 책을 통해 누군가에게 주는 것보다, 다른 사람에게서 받는 것이 더 크기 때문입니다. 같은 책을 읽고 나눈 사람들은 어느새 삶의 동지가 됩니다.

독서 모임의 가장 큰 장점은 '충돌'입니다. 서로 다른 경험을 가진 사람들이 언어로 부딪칩니다. 흥미로운 점은 이 충돌이 지식의 차이가 아니라 삶의 경험에서 비롯된다는 사실입니다. 독서 모임에는 늘 긴장이 있고, 늘 다름이 존재합니다. 바로 그 지점에서 러너스 하이가 극대화됩니다. 우리는 충돌 속에서 생각이 확장되고, 자신이 어디에 서 있는지를 분명히 보게 됩니다. 독서 모임이란 결국, 책을 매개로 서로의 삶을 비추는 거울을 함께 들여다보는 자리입니다.

리뷰는 삶을 편집하는 기술이다

책 리뷰는 '플러스의 독서'와 '마이너스의 글쓰기'를 하나로 통섭하는 과정입니다. 읽기는 외부의 지식을 받아들이는 일이고, 리뷰는 그 지식을 통해 나를 다시 해석하는 일입니다. 저는 리뷰를 이렇게 정의합니다.

"이 책을 읽기 전의 나와 읽은 후의 나는 무엇이 달라졌는가?"

리뷰는 길 필요도 없고, 잘 쓸 필요도 없습니다. 오늘 이 책이 나에게 던진 질문 하나, 지금 내 삶과 맞닿은 지점 하나면 충분합니다. 이 한 줄이 쌓이면, 독서는 소비가 아니라 자기 인생을 기록하는 기술이 됩니다.

제가 실제로 사용하는 리뷰 공식은 단순합니다. 이 책에서 멈칫

한 문장 하나, 그 문장이 지금 내 삶과 만난 지점, 그래서 내가 바꿀 행동 한 가지 이렇게 세 가지만 적습니다.

리더스 하이 리뷰_《마흔에 읽는 쇼펜하우어》

"삶의 기본값은 고통이다."

퇴직 이후, 쇼펜하우어 문장이 이상하게 마음에 들어오기 시작했습니다. 젊었을 땐 비관처럼 느껴졌는데, 지금은 오히려 현실주의처럼 들렸습니다.

"삶은 본질적으로 고통이다."

이 문장을 읽으며 처음으로 이런 생각이 들었습니다.

'내가 힘든 게 실패가 아니라, 기본값이었구나.'

우리는 늘 인생이 행복해야 정상이라고 믿습니다. 조금만 힘들어도 "내가 뭔가 잘못 살았나?"라고 자책합니다. 하지만 쇼펜하우어는 고통은 예외가 아니라 기본이고, 행복은 목표가 아니라 고통이 잠시 줄어든 상태라고 말합니다.

퇴직 이후 제 삶이 무너졌다고 느꼈던 이유도 사실은, 삶이 정상으로 작동하고 있었기 때문이었습니다. 그 사실을 받아들이자, 인생을 고치려 하기보다 나를 조율하게 되었습니다. 그래서 제 리뷰의 마지막 문장은 이것이었습니다.

"행복해지려고 애쓰지 말고, 고통을 견딜 체력을 만들자."

그 체력이 바로 제가 달리고, 읽고, 쓰기 시작한 이유였습니다.

리더스 하이 리뷰_《돈의 심리학》

"돈은 욕망의 거울이다."

이 책을 읽고 나서, 처음으로 이런 질문을 저 자신에게 던졌습니다.

"나는 왜 돈이 부족해질까 봐 불안한가?"

그동안 저는 돈을 '얼마를 벌어야 하는가'의 문제로만 생각했습니다. 그런데 이 책은 방향을 바꿔 놓았습니다. 돈은 숫자가 아니라 욕망의 문제라는 사실을 깨닫게 했습니다.

우리는 대부분 이렇게 말합니다.

"예전보다 많이 벌었는데, 여전히 부족하다."

이 문장의 핵심은 돈이 아니라 비교였습니다. 내가 아니라 남의 인생을 기준으로 살고 있었던 겁니다. 제 리뷰는 이렇게 끝났습니다.

"돈이 부족한 게 아니라, 욕망이 방향을 잃은 것이다."

그 이후 제 재무 목표는 바뀌었습니다. 부자가 되는 것이 아니라, 밤에 편히 잠드는 구조를 만드는 것입니다. 적게 벌어도 불안하지 않은 삶, 많이 벌어도 쫓기지 않는 삶, 그 기준이 제 삶의 방향이 되었습니다.

리뷰는 삶을 설계하는 도구다

책 한 권이 인생을 바꾸는 게 아닙니다. 그 책 이후의 한 줄 행동이 인생을 바꿉니다. 그래서 리뷰를 쓰고 나면 책의 내용은 대부분 잊히지만, 내가 바꾼 행동은 남습니다. 저는 리뷰에서 요약하지 않고, 설득하지 않습니다. 대신 딱 한 가지만 남깁니다.

"그래서 나는 내일부터 무엇을 바꿀 것인가?"

이 질문에 답하는 글, 그게 제가 말하는 리뷰입니다.

리더스 하이는 많이 읽어서 오는 게 아니라, 읽은 뒤에 달라질 때 옵니다.

우리는 책을 읽지만, 사실은 삶을 다시 쓰고 있다.
리뷰란 책 내용을 정리하는 글이 아니라,
그 책 이후의 나를 편집하는 기술이다.
나는 리뷰를 요약하지 않는다. 대신 묻는다.
이 책을 읽기 전의 나와,
읽은 후의 나는 무엇이 달라졌는가.
그 질문 하나에 답하는 글,
그것이 내가 말하는 리뷰다.

우리가 왜 읽고 쓰는지, 근원적인 물음으로 뒤돌아가 답을 찾아보면 잘 살기 위해서입니다. 물질적 풍요가 아니라 인간의 존엄을 지키면서 살고 싶은 마음이죠. 그러니 인간다운 삶을 방해하는 구조와 요소를 보게 하는 책이 좋은 책이겠고, 그 책을 읽은 사람이 자기 삶의 서사까지 보태어 책의 좋음을 글로 증명한다면 믿을 만한 책 리뷰라고 생각합니다.

은유, 《글쓰기 공작소》

7

100일 독서,
리더스 하이를 완성하다

삶의 구조를 바꾸는 마음 깨우기

"책이 뭐라고 읽으라고 난리인가."

솔직히 이렇게 생각하는 사람이 많습니다. 책을 읽지 않아 생기는 무지가 현대를 살아가는 데 치명적인 장애가 되지 않는 시대이기 때문입니다. 지식은 이미 아웃소싱되었습니다. 검색하면 10초 안에 답을 얻을 수 있고, 인공지능에 물으면 정리된 정보까지 제공받습니다.

그렇다면 책은 왜 읽어야 할까요? 책은 정보가 아닙니다. 책은 삶의 지도이며, 얼어붙은 마음을 깨뜨리는 도끼입니다. 그런데도 "100일 동안 매일 아침 30페이지를 읽으라"는 조언은 쉽게 와닿지 않습니다. 하지만 제가 이 프로젝트를 권하는 이유는 분명합니다. 100일 아침 30페이지 독서는 지식 축적이 아니라, 삶의 구조를 바꾸는 '마음 깨우기 프로젝트'이기 때문입니다.

① 시작 단계 : 의지보다 환경을 설계하라

100일 책 읽기 프로젝트의 핵심은 '의지'가 아니라 '환경'입니다. 실천→유지→내면화의 단계로 진행됩니다.

다음은 준비해야 할 체크리스트입니다.

첫째, 100일 목표 선언문 작성

"100일 동안 3,000페이지, 10권 완독."

이처럼 수치화된 목표를 적으십시오. 특히 첫 책 선정이 중요합니다. 반드시 끝까지 읽을 수 있는 책을 고르십시오. 첫 책을 완독하면 다음 책은 자연스럽게 이어집니다. 책은 서로 연결되어 있습니다. 한 권 속에는 또 다른 책으로 이어지는 실마리가 숨어 있습니다.

둘째, 고정된 시간 확보

저는 매일 아침 7시부터 한 시간을 독서 시간으로 고정했습니다. 시간이 고정되면 뇌가 준비합니다. '시간의 반복'이 독서 습관을 만듭니다.

셋째, 방해 요소 없는 공간

독서 공간은 분리되어야 합니다. 저는 주방 한쪽에 작은 서재 공간을 만들었습니다. 그곳에서는 스마트폰을 비행기 모드로 전환합니다. 방해를 차단해야 몰입이 시작됩니다. 다시 강조하면, 독서는 의지보다 환경입니다.

② 일별 원칙 : 3·3·3 법칙의 시작

처음 7일은 습관 형성의 골든타임입니다. 이 시기의 핵심은 '이해'가 아니라 '지속'입니다.

다음은 세 가지 일별 원칙입니다.

첫째, 정독

다독이 아니라 정독입니다. 30페이지를 천천히 읽으십시오. 문장을 곱씹으십시오. 저는 최근 김훈 작가의 《허송세월》을 정독했습니다. 이런 문장을 여러 번 되새겼습니다.

"화장장에 다녀온 날 이후로 저녁마다 삶의 무거움과 죽음의 가벼움을 생각했다. 죽음이 저토록 가벼우므로 나는 가벼움으로 남은 삶의 하중을 버티어 낼 수 있다."

이 문장을 반복해서 되씹으면서 어떻게 살아가야 하는가, 삶의 갈피를 잡았습니다. 무겁지 않게 가볍게 살아가는 방법을 깨닫게 되었습니다. 한 문장을 붙들고 오래 머무는 힘, 그것이 정독입니다. 다독은 정보를 남기고, 정독은 질문을 남깁니다.

둘째, 손으로 읽기

눈으로 읽고, 손으로 다시 읽으십시오. 인상 깊은 문장을 필사하십시오.

"핸드폰에 부고가 찍히면 죽음은 배달 상품처럼 눈앞에 와 있다"라는 문장을 손으로 적는 순간, 죽음은 개념이 아니라 현실이 됩니다. 나의 죽음 또한 죽고 나면 배달 상품이 배달되듯이 문자로 통보될 사소한 물리적 행위에 지나지 않다고 생각했습니다. 손은 생각을 깊게 만듭니다. 리더스 하이는 손으로 읽을 때 시작됩니다.

셋째, 되새김질

읽은 직후 한 문장으로 정리하십시오. 30페이지를 한 문장으로 압축하는 훈련입니다. 읽고 바로 붙잡지 않으면 내용은 흩어집니다. 되새김질이 있어야 알맹이가 남습니다.

③ 주간 점검 : 삶에 적용하기

7일이 지나면 반드시 점검하십시오. 주간 점검의 핵심은 '재확인'입니다.

다음은 주간 점검을 위한 세 가지 포인트입니다.

첫째, 삶에 적용하기

책을 읽는 이유는 삶을 재설계하기 위함입니다. 일주일 동안 가장 인상 깊었던 문장을 선택하고, 그 통찰을 실제 행동으로 옮겨 보십시오. 읽고 끝내면 독서이지만, 적용하면 변화입니다.

둘째, 마음 자세의 변화 기록

7일 연속 성공은 작은 자존감을 만듭니다. "나는 할 수 있다"라는 감각이 생깁니다. 책은 마음을 안정시키고, 그 심연에서 조용한 변화를 일으킵니다. 이것이 독서가 만드는 하이입니다.

셋째, 공감 능력 점검

책 속에는 타인의 경험이 녹아 있습니다. 반복해서 읽으면 타인의 생각이 내 안에 자리합니다. 공감 능력은 리더십의 뿌리입니다. 리더스 하이는 공감에서 시작됩니다.

④ 월간 점검 : 습관에서 가치관으로

30일, 60일, 90일마다 리셋 점검을 하십시오. 이 시점부터 독서는 습관을 넘어 '사유의 근육'이 됩니다.

다음은 월간 점검을 위한 세 가지 포인트입니다.

첫째, 집중력 관리

집중이 떨어질 때는 장르를 바꾸십시오. 가볍게 읽히는 소설이나 에세이도 좋습니다. 소리 내어 읽거나 장소를 바꾸는 것도 도움이 됩니다. 몰입이 깊어질 때 독서의 하이가 찾아옵니다.

둘째, 삶의 목표와 가치관 점검

독서의 궁극적 목적은 삶의 방향을 세우는 것입니다. 타인의 삶을 통해 나의 기준을 세우는 그 지점이 바로 리더스 하이입니다.

셋째, 속도와 깊이의 향상

아침에 못 읽었다면 낮에라도 보충하십시오. 30페이지가 부담되면 10페이지라도 읽으십시오. '내일부터'라는 말은 금지어입니다.

⑤ 100일의 변화

100일 동안 매일 아침 30페이지를 읽으면 단순한 지식 축적을 넘어 뇌와 마음의 구조가 달라집니다. 아침 독서는 하루의 '정서 기준점'을 세웁니다. 매일 6킬로미터 달리기가 '신체의 엔진'을 바꾸는 과정이라면, 매일 30페이지 독서는 '생각의 근육'을 재설계하는 과정입니다. 30페이지 × 100일 = 3,000페이지는 보통 10~15권 완독 분량입니다. 독서는 마음의 예방 주사이자 영양제입니다.

마음을 단단하게 만드는
다섯 가지 변화

우리 마음에 내재된 인간다운 삶의 구조와 본질을 끄집어내는 가장 좋은 방법의 하나는 책 읽기입니다. 마음은 공감을 통해 움직이고, 삶의 문제를 풀어냅니다.

100일 동안 매일 책을 읽는다면 어떤 변화가 일어날까요? 책 읽기는 우리 마음에 다섯 가지 긍정적인 영향을 남깁니다. 삶에 꼭 필요한 다섯 가지를 우리는 책을 통해 얻게 됩니다.

① 스트레스 감소와 정서 안정

6분간의 독서만으로도 긴장이 완화된다는 연구가 있습니다. 특히 잠들기 전 책 읽기는 수면의 질을 높이는 데 도움이 됩니다. 이처럼 독서는 편도체의 과잉 반응을 낮추고 마음을 안정시킵니다.

② 공감 능력의 향상

소설과 에세이는 타인의 감정을 간접 체험하게 합니다. 그 과정에서 타인의 감정을 이해하는 힘이 길러지고, 자신의 감정을 표현하는 능력도 함께 성장합니다. 이것이 곧 정서 지능의 향상입니다. 공감 능력은 타고나는 것이 아니라 훈련되는 능력입니다. 책은 가장 안전하고 깊이 있는 공감 훈련장입니다.

③ 자기 성찰과 자존감 향상

책은 내면을 비추는 거울이며, 나를 이해하는 힘이 자존감을 만듭니다. "나는 지금 어디에 서 있는가?", "나는 무엇을 소중히 여기는가?" 이런 질문들이 쌓일수록 삶의 방향이 또렷해집니다. 자기 성찰이 깊어질수록 자존감도 단단해집니다. 책은 삶의 의미를 스스로 깨닫게 하는 조용한 안내자입니다.

④ 집중력과 인지 능력 강화

책 속에는 한 주제에 대한 깊은 사유가 담겨 있습니다. 한 문장, 한 문단에 몰입하는 동안 우리의 사고력과 기억력은 단련됩니다. 꾸준한 독서는 논리적 사고력을 키우고, 복잡한 정보를 구조화하는 능력을 길러 줍니다.

⑤ 회복 탄력성 증진

책 속에는 수많은 실패와 극복, 통찰과 철학이 담겨 있습니다. 타인의 삶을 읽는 동안 우리는 보이지 않는 '마음의 근육'을 키웁니다. 어려움이 찾아와도 쉽게 무너지지 않는 힘, 그것이 회복 탄력성입니다. 독서는 절망에 대한 면역력을 길러 주고, 삶을 긍정적으로 해석하는 힘을 키워 줍니다.

100일 후, 당신은 이렇게 말할 수 있을 것입니다.

"나는 정보를 소비하는 사람이 아니라, 사유하는 사람이다."

리더스 하이는 많이 읽는 사람이 아니라 매일 읽는 사람만이 도달할 수 있습니다. 마음 전체를 균형 있게 단련하기 위해 책을 읽읍시다.

PART 3

라이터스 하이

– 쓰기 시작하자 전문가가 되었다

글쓰기는 두뇌로 세상을 경험하는 일입니다. 머리로 세상과 만나며, 내 안에서 솟아나는 생각을 길어 올리는 행위입니다.

글을 쓰는 순간 묘한 쾌감에 빠지는데, 저는 이것을 '라이터스 하이'라고 부릅니다. 라이터스 하이로 만들어진 결과물은 우리가 상상하는 것 이상입니다.

글이 쌓여 책이 될수록 두뇌가 세상과 만나는 경험은 더욱 확장됩니다. 글쓰기는 두뇌의 사고력 크기만큼 세상을 보여 줍니다. 우리가 쓴 분량만큼, 정확히 그만큼만 우리는 세상과 깊게 연결됩니다.

모두가 글을 쓰고 싶어 하지만 누구나 글을 쓰지는 못한다. 인간을 부품화한 사회 현실에서 납작하게 눌린 개인은 글쓰기를 통한 존재의 펼침을 욕망한다. 그러나 쓰는 일은 간단하지 않다. 글을 써야지, 써야지 하면서 안 쓰고 안 쓰고 안 쓴다.

은유, 《쓰기의 말들》

1

퇴직 이후
나를 살린 것은 글쓰기였다

쉽게 써지는 글은 없다

그림도 그리고, 음악도 작곡하는 등 창작에는 여러 방식이 있습니다. 그런데 왜 하필 글일까요. 왜 우리는 글을 써야 할까요. 오랫동안 그 이유를 찾고 싶었습니다. 그 과정에서 제가 만난 문장이 하나 있습니다. 바로 엘레나 페란테라는 작가의 문장입니다.

"글쓰기는 순수하게 운명에 도전하는 일입니다."

살아 있는 물고기는 흐르는 강물을 거슬러 헤엄칩니다. 거칠게 흘러내리는 물결을 거부하고 앞으로 나아가는 것이 살아 있는 존재들의 숙명입니다. 그런 의미에서 글쓰기는 흘러가는 삶의 물결을 거슬러 나아가는 일입니다. 한 번이라도 글을 써 본 사람은 압니다. 쉽게 써지는 문장은 거의 없다는 것을. 모든 문장은 일상에서

베인 마음의 상처들이 남긴 흔적입니다. 우리가 한 문장을 쓴다는 것은 아무 의미 없이 흘러가 버릴 시간을 붙잡아 그 위에 삶의 흔적을 남기는 일입니다. 그 흔적은 결국 자기 삶의 지도가 됩니다.

글쓰기는 분명 쉽지 않습니다. 그런데도 제가 글쓰기에 집착하게 된 이유는, 글쓰기가 주는 고통만큼이나 즐거움 또한 크다는 것을 알게 되었기 때문입니다. 글쓰기는 반복되는 내면의 균형과 불균형에 형태를 부여하는 행위입니다. 삶의 수많은 파편을 정돈했다가 다시 뒤섞는 과정의 연속이라고도 할 수 있습니다. 글쓰기는 우아하고 계산된 행동이라기보다, 현실을 왜곡하지 않기 위한 충동적인 행위에 가깝습니다. 이것이 제가 받아들인 엘레나 페란테의 작가 의식입니다.

내 안에 쌓인 파편을 꺼내는 행위

저에게 글쓰기는 또 다른 의미입니다. 저에게 글쓰기는 내 안에 쌓인 파편을 끄집어내는 행위입니다. 책 읽기가 삶의 파편과 지식을 내 안으로 들어오는 일이라면, 글쓰기는 그 파편을 밖으로 꺼내는 일입니다.

우리는 유치원 2년, 초등학교 6년, 중·고등학교 6년, 대학 4년까지 무려 18년 동안 지식과 경험을 쉼 없이 안으로 밀어 넣으며 살아왔습니다. 직장에 들어와서도 사정은 크게 다르지 않습니다. 배운 것을 꺼내어 정리할 시간은 거의 없었습니다. 그 결과, 우리 안의 지식은 숙성을 넘어 썩고 있을지도 모릅니다. 이제는 끄집어 내야 합니다.

글쓰기는 우리 안에 쌓인 것을 퍼내는 생각의 펌프입니다. 먼지처럼 쌓인 것을 퍼내야 그 자리에 새로운 지식의 샘물이 흘러들어 옵니다. 그러니, 글쓰기를 시작해 보세요. 잘 쓰려 애쓸 필요도, 길게 쓸 필요도 없습니다. 하루에 단 세 줄이면 충분합니다. 그 세 줄 만으로도 머릿속 지식의 샘물은 다시 맑아집니다.

글쓰기에는 고통과 즐거움이 공존합니다. 쓰는 동안은 분명 고통스럽습니다. 그러나 펜을 내려놓는 순간, 몸속에 박혀 있던 가시를 뽑아낸 듯한 쾌감이 찾아옵니다. 이것이 바로 '라이터스 하이'입니다. 러너스 하이가 있듯, 글쓰기에도 하이가 있습니다.

라이터스 하이에 들어가기 위해서는 먼저 가슴으로 초고를 쓰고, 그다음 머리로 고치면 됩니다. 수정의 과정에서 어느새 하이 상태에 빠져들게 됩니다. 그렇게 완성된 글에는 온전한 나의 삶이 담깁니다. 라이터스 하이는 잠들어 있던 창작의 본능을 깨웁니다. 저는 이 힘이 퇴직 이후 삶을 지탱해 줄 가장 중요한 에너지라고 믿게 되었습니다.

매일 쓰는 글쓰기의 힘

저는 글쓰기에서 삶의 의미를 찾았습니다. 우리가 몸으로 달리고, 마음으로 책을 읽는 이유도 결국은 글쓰기로 이어집니다. 힘든 글쓰기를 지속하게 만드는 동력이자, 최종 목적지는 바로 라이터스 하이입니다. 이 감각은 퇴직 이후의 삶을 이끌어 줄 것입니다.

퇴직 이후에 망가지는 사람들을 저는 주변에서 너무 자주 보았습니다. 직장에 다닐 때는 그렇게 똑똑하던 사람도, 퇴직 후 반년만 지나면 거의 노인의 모습으로 변합니다. 자신감과 열정, 생동감은 사라지고 무기력과 우울, 의기소침함만 남습니다.

30년 전, 저희 아버지가 그랬습니다. 정년퇴임 이전에는 중년의 모습이었는데, 퇴직 이후 딱 반년 만에 노인의 모습이 되었습니다. 정말 구태의연하지만, '이빨 빠진 호랑이'라는 이 표현 말고는 떠오르지 않습니다. 가장으로서 당당했던 모습은 사라지고, 초라한 노인으로 거실을 청소하시다 저를 보고 웃던 아버지의 모습이 지금도 마음에 남아 있습니다.

30년이 흘러, 저도 퇴직했습니다. 솔직히 말하면, 아버지처럼 될까 봐 그것이 가장 두려웠습니다. 지금 제 또래들은 대부분 퇴직했습니다. 정작 내 모습은 잘 보이지 않지만, 퇴직한 다른 사람들의 모습은 너무 선명하게 보입니다. 꼭 제 미래를 미리 보는 것 같아 불편합니다.

나이 오십이 넘으면 누구나 맞닥뜨리는 현실이지만, 정작 해법을 가진 사람은 거의 없습니다. 저 역시 불확실한 미래 속에서 퇴직 이후의 삶을 어떻게 살아야 할지 알고 싶었습니다. 그 악착같은 시간이 어느덧 5년이 되었습니다. 퇴직 후 만 5년, 햇수로는 6년째에 접어들었습니다.

돌이켜보면, 제가 한 일은 걷고 달리고, 읽고 쓰는 일이었습니다. 몸을 움직이고 책을 들고 펜을 쥐는 이 단순한 반복이 제 삶을 바꾸었습니다. 그중에서도 가장 결정적인 전환점은 글쓰기였습니다. 그 글쓰기를 지속하게 만든 힘이 바로 라이터스 하이였습니다.

삶의 의미를 찾지 못하고 늙어 가는 삶에서 우리를 건져 낼 수 있는 가장 현실적인 구원자는 거창한 계획이 아니라, 매일 쓰는 몇 줄의 문장일지도 모릅니다. 라이터스 하이는 잃어버린 자존감을 회복시키고, 무너진 리듬을 다시 세우며, '나는 아직 살아 있다'라는 감각을 되살려 줍니다. 퇴직 이후 삶을 다시 살아가게 만드는 가장 단순하고도 강력한 방법이 바로 라이터스 하이입니다.

글쓰기에 대한 저항이 사라지는 순간

글쓰기를 시작하면 대부분 같은 지점에서 멈춥니다. 손은 키보드 위에 있는데, 머리는 아무 말도 하지 않습니다. 첫 문장을 쓰기까지가 가장 어렵습니다. 이 지점에서 글쓰기를 포기하는 이유이기도 합니다. 하지만 이상하게도, 글을 계속 쓰다 보면 어느 순간부터 손이 머리를 앞서가기 시작합니다. 문장을 고민하지 않아도 다음 문장이 따라 나오고, 지우는 일보다 쓰는 일이 더 빨라집니다. 이때 저는 처음으로 '라이터스 하이'를 경험합니다. 라이터스 하이는 글이 잘 써지는 상태가 아닙니다. 그보다 먼저 찾아오는 변화는, 글쓰기에 대한 저항이 사라지는 순간입니다.

말로 남겨야 할 이야기

라이터스 하이를 기술로 설명하기는 어렵습니다. 그 상태에 도달하는 방법은 있지만, 그 상태를 불러오는 이유는 사람마다 다르기 때문입니다. 저에게 글쓰기는 단순한 표현의 문제가 아니라 살아오면서 반드시 말로 남겨야 할 어떤 이야기입니다.

1981년 여름, 한라산 백록담 근처에서 스무 살의 큰형이 사고로 세상을 떠났습니다. 그날 이후 우리 가족은 하나의 질문과 함께 살아왔습니다. 이 죽음에 어떤 의미를 부여하며 살아갈 것인가. 죽은 사람은 말이 없습니다. 대신 남겨진 사람들은 침묵 속에서 그의 부재를 안고 살아갑니다. 우리 가족에게 남은 유일한 바람은 하나였습니다. 그의 죽음이 헛되지 않았다는 것을, 살아 있는 우리가 증명하는 것입니다.

하지만 그 일은 쉽지 않았습니다. 상처는 컸고, 시간은 흘렀지만 슬픔은 완전히 마르지 않았습니다. 겉으로는 삶이 이어졌지만, 마음 한편에는 설명되지 않는 부채감이 오래 남아 있었습니다. 언젠가부터 저는 이 삶 자체가, 형의 죽음에 대한 하나의 대답이어야 한다고 생각했습니다.

큰형의 사망 소식을 들은 것은 중학교 1학년 때였습니다. 그날의 기억은 지금도 제 안에 트라우마처럼 남아 있습니다. 그 이후로 저는 형의 죽음을 헛되게 만들지 않겠다고 결심했습니다. 대학에 진학하고, 직장인이 되고, 가정을 이루고, 퇴직 후 다시 공부해 작가와 교수가 되기까지 그 생각이 제 삶을 움직여 왔습니다. 그리고 마침내 이 모든 시간을 글로 남겨야 한다는 사실을 깨달았습니다.

처음엔 주제와 구조를 정해 두고 글을 썼을 땐 빠짐없이 정리할 수 있었고, 설명하기도 쉬웠지만 그렇게 쓴 글에는 정작 살아 있어야 할 감정이 빠져 있었습니다. 이번에는 다르게 쓰기로 했습니다. 잘 쓰려 하지 않고, 구조를 먼저 세우지도 않고, 형식에 나를 맞추지 않기로 했습니다. 그저 쓸 수 있는 만큼, 멈추지 않고 써 내려가기 시작했습니다. 바로 그 지점에서, 라이터스 하이가 찾아왔습니다. 평가하는 내가 물러나고, 말하지 못했던 마음이 문장으로 흘러나오기 시작했습니다. 글쓰기는 설명이 아니라, 살아온 시간에 대한 증언이 되었습니다.

잘 쓰려고 할수록 라이터스 하이는 멀어진다

그때 알았습니다. 라이터스 하이는 글을 잘 쓰게 해 주는 상태가 아니라, 말하지 않으면 안 되는 삶이 있을 때 비로소 찾아오는 순간이라는 것을요. 이때의 집중력은 책 읽기와도 다릅니다. 책 읽기가 흐름을 타는 일이라면, 글쓰기는 흐름을 만들어 내는 일입니다. 그리고 그 흐름이 일정 속도를 얻는 순간, 글쓰기는 더 이상 고통이 아닙니다.

라이터스 하이는 오래 지속되지 않습니다. 짧게는 10분, 길어야 한두 시간입니다. 하지만 이 경험을 한 번이라도 해 본 사람은 글쓰기가 원래 이렇게 어려운 일이 아니라는 사실을 알게 됩니다. 중요한 것은, 이 상태를 억지로 만들 수 없다는 점입니다. 잘 쓰려고 애쓰는 순간, 라이터스 하이는 멀어집니다. 글쓰기는 재능보다 노력과 반복 연습으로 길러집니다.

'양이 쌓이면 임계점에서 질이 바뀌는 것'처럼 많이 쓰면 글이 달라집니다. 그렇다고 하루에 무조건 많은 양을 써야 하는 건 아닙니다. 하루 두 페이지와 같이 정해진 분량에 도달할 즈음, 라이터스 하이는 조용히 모습을 드러냅니다.

러너스 하이가 몸을 정렬하는 지점이라면, 리더스 하이는 생각이 흐름을 타기 시작하는 때입니다. 라이터스 하이는 생각과 언어가 같은 속도로 움직는 상태를 말합니다. 이 세 가지 하이는 따로 존재하지 않습니다. 몸이 먼저 움직이고, 생각이 그 뒤를 따르며, 글쓰기는 그 모든 것을 삶의 언어로 남깁니다.

이 노트를 남기기 위해 지난 몇 년간 '세상에서 가장 지혜롭고, 가장 부유하고, 가장 건강한 사람'이라고 평가받는 인물들을 만났다. 그리고 이 책에 그들과 벌였던 열띤 토론, 그들이 더 큰 결과를 얻기 위해 매일 실천하고 있는 것들에 대한 나의 성공적인 벤치마킹 경험, 그들의 놀라운 아이디어와 전략, 창의적인 습관, 세계 최고 수준의 성과 창출법 등등을 두루 담아낼 수 있었다.

팀 페리스, 《타이탄의 도구들》

2

글쓰기는
삶의 문법을 바꾼다

삶을 가다듬는 가장 확실한 도구

마흔이 되었을 때였습니다. 글을 쓰지 않으면 내 삶이 조금씩 소멸될 것 같은 불안이 엄습했습니다. 삶의 소멸을 막고, 생명을 되살리기 위해 글을 쓰기 시작했습니다. 억지로 한 자 한 자를 엮어 한 줄을 만들고, 그 문장을 다듬어 한 문단을 만들었습니다.

처음의 글은 여러 헝겊을 꿰맨 누더기 같았습니다. 그러나 그 시간이 있었기에, 마흔의 저는 소멸되지 않고 여기까지 올 수 있었습니다. 마흔 이후의 삶은 누군가 정해 둔 궤도를 벗어나 나만의 목소리로 인생을 다시 설계해야 하는 시기입니다.

이때 글쓰기는 삶의 방향을 찾고, 자신을 발견하며, 일상에 밀도를 더하는 가장 강력한 도구가 됩니다. 그런데도 많은 사람은 '잘 써야 한다'라는 부담 때문에 글쓰기를 시작조차 하지 못합니다.

2024년 3월의 어느 아침, 산책길에서 겨울과는 다른 봄의 기운을 느꼈습니다. 이런 날이라면 밖으로 나가 작은 의식을 가져 보길 권하고 싶습니다. 카페나 공원에 앉아 책 한 권을 펼치는 것이 봄을 맞이하는 가장 단순하고도 확실한 방법입니다. 그때 손에 들고 가길 권하는 책이 있습니다. 바로 강원국 작가의 《대통령의 글쓰기》입니다. 이 책은 글쓰기가 단순한 기술이 아니라 삶을 가다듬는 자기계발의 도구임을 보여 줍니다.

특히 4050세대에게 3월은 학생의 신학기처럼 퇴직과 은퇴를 공부해야 할 시기입니다. 그 준비로 독서와 글쓰기만 한 것이 없습니다. 독서가 얼어붙은 마음을 깨는 도구라면, 글쓰기는 그렇게 깨어난 마음을 쌓아 가는 창작물입니다.

마흔이 되었다면, 한 번쯤 글쓰기를 진지하게 생각해 보길 바랍니다. 글쓰기는 인생의 전환기에 필요한 가장 현실적인 자기계발의 수단이기 때문입니다. 삶의 문법을 바꾸는 가장 간단한 방법은 글쓰기이며, 이를 통해 전혀 다른 인생의 정착지를 발견할 수 있습니다.

퇴직 이후의 삶은 '전前 명함'을 붙잡고 버티는 시간이 아니라, '이름 하나로 살아갈 준비'를 하는 시간입니다. 직장에 다니는 동안 우리는 명함으로 존재를 증명합니다. 명함에는 직책과 회사 이름이 적혀 있고, 그 후광으로 사회적 지위를 확인받습니다.

명함에는 유효기간이 있습니다. 그 끝이 바로 퇴직입니다. 퇴직과 동시에 명함은 아무 의미 없는 종이가 됩니다. 그런데도 많은 사람은 유통기한이 지난 명함에 집착합니다. "내가 누구였는데"라는 말로 자신을 위로하지만, '전'이 붙은 직책은 퇴직 이후의 삶을 책임져 주지 않습니다.

퇴직 이후에 필요한 것은 새 명함입니다. 사라지지 않는 명함, 유효기간이 없는 명함. 그 명함이 바로 자기 이름입니다. 이름이 곧 명함이 되는 삶은, 자기 일의 주인이 된 사람의 삶입니다. 그 준비는 퇴직 전에 시작해야 합니다. 그 출발점이 바로 글쓰기입니다.

글쓰기는 자신을 직시하게 만드는 가장 선명한 렌즈입니다. 우리는 직장생활 동안 끊임없이 남의 눈으로 평가받으며 살아갑니다. 그 과정에서 정작 '내가 무엇을 좋아하는지', '어떤 사람인지'를 들여다볼 기회를 잃어버립니다. 남의 눈에서는 결코 나의 본질을 찾을 수 없습니다. 나를 보려면, 나를 정면으로 마주해야 합니다. 글쓰기는 그 대면을 가능하게 합니다.

글을 쓰다 보면 내가 무엇에 반응하는지, 무엇을 견디지 못하는지, 무엇을 좋아하고 무엇을 피하는지가 드러납니다. 그때 비로소 '내가 좋아하는 일'의 윤곽이 보이기 시작합니다.

글쓰기의 다섯 가지 효과

글쓰기를 하면 자연스럽게 다섯 가지 효과를 얻게 됩니다.

첫째, 글쓰기는 진정한 나를 비추는 거울입니다.

둘째, 글쓰기는 독서로 깨어난 마음을 구조로 세웁니다.

셋째, 글쓰기는 길을 잃었을 때 방향을 알려 주는 지도입니다.

넷째, 글쓰기는 흐릿한 세상을 선명하게 보는 안경입니다.

다섯째, 글쓰기는 막힌 일상을 뚫는 송곳입니다.

결국 글쓰기는 삶을 밝히는 등불입니다. 그 등불을 켜고 나아갈 때, 우리는 더 단단하고 더 성숙한 자신을 만나게 됩니다.

물론 글쓰기에는 고통이 있습니다. 생각은 떠오르는데 문장이 막히고, 자신을 검열하다 보면 주저하게 됩니다. 책상에 앉아 있는 것 자체가 고통일 때도 있습니다. 그러나 글쓰기에만 있는 즐거움도 분명합니다. 한 편의 글을 쓰고 나면 사고가 확장되고, 자신이 조금 성장했다는 느낌을 받습니다. 공유와 공감, 완성의 성취감은 그 과정의 고통을 잊게 할 만큼 큰 보상입니다.

글쓰기의 즐거움을 키우기 위해 고통을 줄이는 환경이 필요합니다. 글을 쓸 도구를 늘 곁에 두고, 독서를 습관화하며, 매일 조금이라도 꾸준히 쓰는 것입니다. 글쓰기는 특별한 재능이 아니라 양치질처럼 몸에 익히는 생활 습관입니다.

가능하다면, 다른 사람이 읽을 수 있는 곳에 글을 공유하세요. 피드백은 글을 성장시키는 가장 빠른 길입니다. 너무 잘 쓰려 애쓰지 마십시오. 말하듯 쓰면 됩니다. 그 글이 곧, 당신의 삶입니다.

많이 쓰는 사람이 결국 잘 쓴다

많은 사람이 글을 잘 쓰고 싶어 합니다. 하지만 막상 글을 쓰기 시작하면, 생각보다 형편없는 문장에 멈춰 서고, 이내 이렇게 결론 내립니다.

"나는 글쓰기에 소질이 없다."

이것은 오해입니다. 글의 질은 시작점에 있지 않습니다. 질은 결과이고, 양은 조건입니다. 많이 쓰지 않고 좋은 글을 기대하는 것은 운동하지 않고 체력을 바라거나, 연습 없이 악기를 잘 연주하길 바라는 것과 다르지 않습니다.

초안이 형편없는 것은 실패가 아닙니다. 오히려 정상적인 과정입니다. 초안은 잘 쓰기 위한 글이 아니라, 고칠 수 있는 재료를 만들기 위한 글입니다. 쓸수록 엉망인 문장이 나오는 것은 능력이 부족해서가 아니라, 아직 충분한 양이 쌓이지 않았기 때문입니다.

유독 글쓰기만, 연습 없이 잘하려 듭니다. 운동은 몸을 쓰며 배워야 한다는 것을 알면서도, 글쓰기는 머리로만 잘하려 합니다. 그래서 첫 문장이 마음에 들지 않으면 곧바로 자신을 평가합니다. 이 태도야말로 글쓰기를 망치는 가장 빠른 길입니다.

글은 머리로 배우는 기술이 아니라 손으로 익히는 감각에 가깝습니다. 많이 쓸수록 손은 문장의 리듬을 기억하고, 문단의 길이를 체감하며, 말을 멈춰야 할 지점을 스스로 알게 됩니다. 이 감각은 생각해서 생기는게 아니라, 반복 속에서만 자랍니다.

많이 쓰다 보면, 자연스럽게 이런 질문이 따라옵니다.

"그럼 문체는 어떻게 만들어지는 것일까?"

글쓰기를 제법 오래 한 사람일수록 자기만의 문체를 갖고 싶어 합니다. 강연할 때면 "어떻게 하면 자신만의 문체를 만들 수 있나요?"라는 질문을 자주 받습니다.

저는 언제나 이렇게 답합니다. 문체는 만드는 것이 아니라, 오래 쓰다 보면 남는 것입니다. 문체란 글의 개성입니다. 작가만의 말투와 리듬이 반복 속에서 쌓여, 그 사람의 글임을 알아보게 만드는 흔적입니다.

김훈의 글이 김훈처럼 읽히고, 한강의 글이 한강처럼 읽히는 이유도 여기에 있습니다. 그들은 문체를 고민해서 만든 것이 아니라, 오랜 시간 같은 방식으로 써 왔을 뿐입니다.

저는 문체를 설명할 때 '어투'에 비유하곤 합니다. 사람마다 말하는 버릇이 다르듯, 글에도 자연스럽게 드러나는 말투가 있습니다. 중요한 것은 그 말투가 상황과 어울리는가 하는 점입니다. 공식적인 자리에서 가벼운 어투를 쓰면 신뢰를 잃듯, 글에서도 주제와 맞지 않는 문체는 설득력을 떨어뜨립니다.

자신만의 문체를 찾는 법

작가의 개성을 살리고 상황에 맞는 문체를 어떻게 찾아야 할까요? 작가마다 저마다의 비법이 있습니다. 저 역시 저만의 방법을 가지고 있습니다. 제가 찾은 해답은 단순합니다. 문체는 만들어지는 것이 아니라, 선택의 결과로 드러난다는 것입니다. 저는 문체를 찾아가는 기준을 세 가지로 정리했습니다.

첫째, 무엇을 쓰려 하는가?

글의 주제는 문체를 결정하는 가장 근본적인 기준입니다. 철학적 이론을 설명하는 글에는 논술형 문체가 어울립니다. 그런 글에 일상적인 구어체를 쓰면 깊이가 사라집니다. 반대로 가벼운 에세이에 철학적 문어체를 쓰면 글이 부담스러워집니다. 문체는 멋을 내는 기술이 아니라, 주제에 적합한 어법을 고르는 선택입니다.

둘째, 누가 읽는가?

독자가 누구인지 명확히 설정해야 합니다. 글을 쓰기 전, 이 글을 누가 읽게 될지를 먼저 정해야 합니다. 독자가 흐릿하면 문체도 흔들립니다.

제가 2021년에 출간한 《아들아, 돈 공부해야 한다》라는 책은 독자를 20대 아들로 설정했습니다. 실제로 아들에게 편지를 쓰듯 썼습니다. 그 결과 문체 역시 자연스럽게 편지 형식이 되었습니다. 이 책이 부모들에게 '아들에게 선물하고 싶은 책'으로 읽힌 이유도 바로 그 문체 덕분이라고 생각합니다. 독자를 분명히 떠올리고, 그들에게 말을 건네듯 쓰는 순간, 그 방식 자체가 곧 자기만의 문체가 됩니다.

셋째, 어떤 마음으로 쓰는가?

글을 쓰는 사람의 마음은 문장에 고스란히 스며듭니다. 사랑하는 마음으로 쓰면 문체에도 따뜻함이 묻어납니다. 분노한 마음으로 쓰면 문장은 날카로워집니다. 자랑하려는 마음으로 쓰면 글에는 잘난 체가 드러납니다. 문체는 기술이기 이전에 마음의 상태가 드러난 결과물입니다.

문체는 무엇을 쓰는가, 누구에게 쓰는가, 어떤 마음으로 쓰는가, 이 세 가지에서 자연스럽게 결정됩니다. 이 기준이 분명해지면 문체는 굳이 만들지 않아도 따라옵니다. 반대로 문체부터 고민하는 순간, 글은 멈춥니다. 저는 문체를 만들려 애쓰지 말고, 먼저 많이 쓰라고 말합니다. 비슷한 이야기라도 좋고, 형편없는 문장이라도 괜찮습니다. 중요한 것은 멈추지 않는 것입니다.

많이 쓰는 사람은 반드시 변합니다. 처음에는 분량을 채우는 데 급급하지만, 어느 순간부터 문장이 달라집니다. 쓸데없는 말이 줄고, 핵심이 남습니다. 이 변화는 어느 날 갑자기 찾아오지 않습니다. 양이 충분히 쌓였을 때, 질은 조용히 모습을 드러냅니다. 잘 쓰는 사람과 못 쓰는 사람의 차이는 재능이 아닙니다. 그 차이는 결국 쓴 양의 차이입니다. 많이 쓰는 사람이 결국 잘 쓰게 되는 것은 예외 없는 법칙입니다.

문체를 찾고 싶다면, 문체부터 고민하지 말아야 한다.
대부분의 사람은 자기만의 문체를 만들고 싶어 하지만,
정작 문체란 의식해서 만들수록 더 멀어진다.
문체는 기술이 아니라, 쓰는 사람의 선택과 태도가 남긴 흔적이다.
무엇을 쓰는지, 누구에게 쓰는지, 어떤 마음으로 쓰는지에 따라
문장은 달라지고, 그 반복 속에서
어느 순간 '그 사람다운 글'이 드러난다.

글쓰기는 자기 경험과 생각을 보여 주는 것이다. 경험한 것과 생각한 것, 이것이 콘텐츠다. 그런 점에서 두 대통령은 평생 콘텐츠를 만들어 왔다. 바야흐로 콘텐츠 전성시대다. 우리 주변에 콘텐츠는 넘쳐난다. 영화, 음악, 드라마, 게임, 애니메이션뿐만이 아니라 모든 게 콘텐츠의 소재다. 포착해 내는 힘만 있으면 된다. 잘 차려진 밥상에서 당신의 숟가락만 들면 되는 것이다.

강원국, 《대통령의 글쓰기》

3

글쓰기는
나답게 살아가는 연습이다

글쓰기는 삶의 방식이다

살아오면서 늘 고민해 왔습니다. 인생에서 가장 가치 있는 투자 대상은 무엇일까. 오랜 고민 끝에 내린 결론은 분명했습니다. 최고의 투자 대상은 언제나 '자기 자신'입니다. 그렇다면 문제는 그다음입니다. 자기 자신에게, 어떤 방식으로 투자해야 하는가. 제가 선택한 답은 글쓰기였습니다.

자기계발을 위한 수많은 방법 가운데, 글쓰기는 가장 오래가고 가장 깊게 남는 도구라고 믿습니다. 이 생각이 혼자만의 확신은 아니었습니다. 강원국 작가의 《대통령의 글쓰기》를 읽으며 김대중 대통령과 노무현 대통령의 삶을 따라가다 보니, 말과 글이 한 개인의 삶을 바꾸고, 나아가 한 나라의 역사를 움직일 수 있다는 사실을 확인하게 되었습니다. 두 대통령은 글을 통해 생각을 단련했고, 언어를 통해 자신과 시대를 설득해 왔습니다. 자기계발이란 결국 자기만의 콘텐츠를 만드는 일입니다.

글쓰기는 한마디로 말해 '삶의 등불'입니다. 우리는 글쓰기라는 등불을 켜고, 어두운 삶의 길을 스스로 비추며 나아가야 합니다. 그 길의 끝에서 만나는 것은 더 단단해지고, 더 성숙해진 자신입니다.

글쓰기를 시작한 사람이라면 곧 이런 질문을 하게 됩니다.

"어떻게 말과 글을 연마해야 할까?"

글쓰기를 삶의 방식으로 받아들인 우리에게, 글쓰기는 그 자체로 길잡이가 됩니다. 저는 글을 쓰며 세 가지 원칙을 갖게 되었습니다.

첫째, 글쓰기는 어떻게 자기계발의 도구가 되는가.

둘째, 나는 어떤 방식으로 글쓰기를 시작해야 하는가.

셋째, 글쓰기를 어떻게 삶의 성장으로 연결할 것인가.

이 세 가지 질문 덕분에 글쓰기의 방향이 생겼습니다. 그 방향을 한 문장으로 정리하면 이렇습니다.

'글쓰기는 치유의 과정이며, 통찰의 과정이고, 성장의 과정이며,

'나답게 살아가는 과정'이다.'

　저는 그렇게 '나답게' 늙어 가고 싶습니다. 김재환 작가의 《오지게 재밌게 나이듦》에는 칠곡 할머니들이 쓴 시가 실려 있습니다. 그중 권분한 할머니의 시 '내 이름은 권분한'에는 이런 구절이 나옵니다.

> 우리 어매 딸 셋 낳아 분하다고 내 이름 분한이.
> 내가 정말 분한 건 글을 못 배운 것이지요.
> 마흔셋에 혼자 되고 쭈그렁 할머니가 되어 공부를 시작했어요.
> 글자만 보면 어지러워 멀미 났지만 배울수록 공부가 재미나요.
> 구십에 글자를 배우니까 분한 마음이 사라져요.

　이 시를 읽으며 깨달았습니다. 글과 시는 거창한 기술이 아니라, 삶에서 우러나오면 되는 것이라는 사실을 말입니다.

　이 할머니들의 이야기는 뮤지컬 〈오지게 재밌는 가시나들〉로도 만들어졌습니다. 다큐멘터리와 책으로 이미 접했던 이야기였지만, 무대 위에서 만난 이야기는 전혀 다른 힘을 가지고 있었습니다. 웃다가 울고, 울다가 웃는 시간 속에서 저는 늙음의 또 다른 얼굴을 보았습니다.

늙는다는 것은 피할 수 없는 일입니다. 몸도 마음도 서서히 쇠해 갑니다. 특히 '퇴직'과 '은퇴'를 생각하다 보면, 늙음의 문제는 더욱 현실로 다가옵니다. 늙음은 곧 일터에서의 은퇴로, 때로는 삶에서의 은퇴로 이어지기 때문입니다.

늙음의 질을 바꾸는 건 배움이다

노화는 결코 아름다운 과정만은 아닙니다. 생명이 소멸해 가는 모습은 때로 초라하고 고단합니다. 반려견을 키워 본 사람이라면 그 노화를 너무도 잘 압니다. 털의 윤기가 사라지고, 관절이 약해지고, 움직임이 느려지는 그 과정은 인간의 늙음과 다르지 않습니다. 그런데도, 늙어 가는 과정이 오지게 재미있다고 말하는 사람들이 있습니다. 바로 칠곡 가시나들입니다. 글자를 배우고, 시를 쓰고, 노래하고, 춤추며 늙음을 즐기는 할머니들입니다. 그분들을 보며 늙음의 질을 바꾸는 것은 배움이라는 사실을 깨달았습니다.

할머니들에게 세상 모든 것이 시가 되는 이유는 단 하나입니다. 그분들의 삶에는 '배움의 설렘'이 있었기 때문입니다. 설렘은 두려움을 넘어 무언가를 배우기 시작할 때 생기는 가장 생생한 생명 반응입니다. 저도 그 설렘을 잃지 않고 싶습니다. 죽는 날까지 배우고, 쓰고, 기록하며 늙어 가고 싶습니다.

춘남 할머니의 시 '장하다 우리 딸'은 이렇게 끝납니다.

언젠가 하늘나라 입학하는 날
내가 쓴 일기장 펴 놓고
동화책보다 재밌게 읽어 드릴게요.

저도 팔순이 넘어도 글을 쓰고, 시를 쓰고 싶습니다. 그 시의 제목은 이렇게 붙이고 싶습니다.

'장하다, 정선용'

그 시의 첫 문장은 이렇게 시작되었으면 합니다.

"오늘 하루가 시처럼 다가와 설레게 합니다."

마지막 문장은 이렇게 맺고 싶습니다.

"하루하루가 즐거운 소풍이었습니다."

그래서 오늘도, 저는 글을 씁니다.

그냥 써라, 그것이 전부다

"와아, 대단하다. 네가 어떻게 책을 내냐?"

2021년 3월 25일, 제 첫 책이 출간되었을 때 오랫동안 저를 알고 지낸 사람들이 공통으로 던진 말입니다. 그들의 표정에는 놀라움보다 의아함이 더 짙었습니다. 그동안의 제 모습에서 '책을 쓸 사람'의 이미지를 떠올리기 어려웠던 것이죠.

그렇다면 질문은 하나로 모입니다. 그럴 만한 재목이 아니었던 내가, 어떻게 책을 낼 수 있었을까? 이 이야기는 2020년 10월 1일, 글쓰기를 처음 시작한 날부터 2021년 3월 25일, 책이 세상에 나오기까지 175일간의 기록입니다.

글쓰기는 정리였고, 책 쓰기는 결심이었다

퇴직 직후, 제 머릿속은 복잡했습니다. 그 혼란을 정리하기 위해 글을 쓰기 시작했습니다. 25년간 직장인으로 살아온 삶을 돌아보고, 정리하고 싶었습니다. 처음에는 그저 기록이 목적이었습니다. 하지만 글을 쓰다 보니 깨닫게 되었습니다. 저는 이미 오래전부터 매너리즘에 빠져 있었고, 이 경험을 단순히 글로 남기는 데서 그치지 않고 책으로 남기고 싶다는 욕심이 생겼다는 사실을요.

문제는 여기서부터였습니다. 짧은 글은 생각을 정리하는 데 충분했지만, 책은 달랐습니다. 단편적인 경험을 꿰어 줄 하나의 큰 줄기, 즉 중심 메시지가 필요했습니다. 저는 '직장 생활 25년'과 '퇴직 이후의 삶'을 하나의 이야기로 연결해 보려고 했습니다.

25년의 직장 생활을 돌아본 끝에 내린 결론은 단순했습니다. 너무 길었다는 것입니다. 물리적인 시간이 아니라, 심리적인 시간으로 말입니다. 직장 생활을 오래 해서는 안 되는 이유는 분명합니다.

첫째, 평생직장은 존재하지 않기 때문입니다.

직장은 시작과 끝이 있는 유한한 공간입니다. 잘리지 않는 직장은 없습니다. 스스로 사장이 되지 않는 이상, 월급쟁이의 끝은 결국 퇴직입니다.

둘째, 개인의 성장은 어느 순간 멈추기 때문입니다.

누군가는 5년, 누군가는 10년, 누군가는 20년이지만, 시기만 다를 뿐 성장에는 반드시 한계가 찾아옵니다. 익숙하고 안정된 공간에서 정해진 방식으로 살아가다 보면 불편함은 사라집니다. 대신 정체가 시작됩니다. 성장이 멈추는 순간, 직장은 전쟁터가 아니라 지옥이 됩니다. 공정성도, 희망도, 도전도 사라집니다. 사람은 성장할 때 존재감을 느끼기 때문입니다.

대개 마흔을 넘기며 이 한계에 부딪힙니다. 이른바 '만년 과장'의 시간입니다. 출근길은 지옥철이고, 하루는 러시아워처럼 꽉 막혀 있습니다.

"회사는 전쟁터고, 밖은 지옥이다"라는 말은 반만 맞습니다. 성장이 멈춘 회사는 이미 지옥입니다. 안과 밖은 생각보다 크게 다르지 않습니다. 그래서 성장판이 닫히기 전에 준비해야 합니다. 스스로 성장할 수 있는 내력을 기르고, 필요하다면 박차고 나와 성장판이 열린 곳을 찾아야 합니다.

좀비 영화 속 좀비는 죽지 않습니다. 영혼 없이 시각과 소리에 반응하며, 반복적으로 움직일 뿐입니다. 직장에도 이런 좀비들이 있습니다. 해가 뜨면 출근하고, 해가 지면 퇴근하는 삶을 멈추지 못하는 사람들입니다.

심리학자 대니얼 카너먼은 이를 '피크엔드 법칙'이라 설명합니다. 사람은 경험의 전체 평균이 아니라, 가장 극적인 순간과 마지막 순간으로 기억을 남긴다는 이론입니다. 지금이 좀비 같은 시간이라도 괜찮습니다. 마지막에 반전을 만들 수 있다면, 우리의 직장 생활은 전혀 다른 의미로 기억될 수 있습니다. 그 반전을 만드는 가장 단순하고 확실한 방법이 쓰는 일입니다.

잘 쓰려고 하지 말고, 그냥 써라

글쓰기는 달리기를 닮았습니다. 복잡하게 생각할 필요 없이 첫발을 내딛고 달리면 됩니다. 달리다 보면 몸 안에서 저절로 리듬이 살아납니다. 글쓰기도 마찬가지입니다. 머리가 하는 일이 아니라 몸이 하는 일입니다. 달리기는 발이 하는 일이고, 글쓰기는 손이 하는 일입니다.

글쓰기를 어려워하는 사람들의 공통점이 있습니다. 대부분 첫 문장을 쓰지 않습니다. 잘 쓰지 못할 것 같다는 이유로 시작을 미룹니다. 하지만 시작하지 않으면서 "글쓰기는 어렵다"라고 말하는 것은 착각입니다. 첫 문장만 쓰면 누구나 쓸 수 있습니다. 잘 쓰겠다는 생각은 버려도 됩니다. 그냥 쓰면 됩니다.

아침에 일어나 양치질할 때, 우리는 잘하고 못하고를 따지지 않습니다. 그냥 합니다. 글쓰기도 마찬가지입니다. 머리에 떠오르는 것을 적고, 적는 행위 자체로 충분합니다. 글을 쓰며 마음이 정리되고 하루가 정리되었다면, 그것으로 이미 충분한 성과를 얻은 것입니다.

저는 그렇게 매일 첫 문장을 썼습니다. 그 시작들이 모여 2021년 이후 다섯 권의 책을 출간할 수 있었습니다. 처음부터 전문가여서 책을 쓴 것은 아니었습니다. 글을 써 가면서 전문가가 되었습니다. 책을 쓴다는 것은 단순히 글을 늘어놓는 일이 아닙니다. 흩어져 있던 생각과 경험을 정리하고 구조화하는 과정입니다. 그 과정에서 막연했던 생각은 문장이 되고, 문장은 연결되어 하나의 관점이 됩니다. 그렇게 쌓인 글이 결국 책이 됩니다.

매일 쓰는 사람만이 책을 출간할 수 있습니다. 오늘 쓴 한 줄이 당신의 미래를 가장 확실하게 바꿉니다.

책을 만드는 세 가지 전략

책으로 만들기 위해 저는 세 가지 전략을 사용했습니다.

첫째, 인풋 전략 – 필사

매일 아침 명문장을 손으로 옮겼습니다. 책은 눈으로 읽는 것보다 입으로, 입으로 읽는 것보다 손으로 읽을 때 가장 깊이 남습니다. 필사는 글의 형식을 몸에 익히는 가장 확실한 방법이었습니다.

둘째, 아웃풋 전략 – 무조건 쓰기

글쓰기는 질의 싸움이 아니라 양의 싸움입니다. 주제를 정하고 생각의 흐름대로 하루 1,500자 이상을 써 내려갔습니다. 다듬기는 나중의 문제였습니다.

셋째, 만화로 쓰기 전략

만화의 한 프레임을 떠올리듯 장면과 그 이미지를 글로 옮겼습니다. 이미지를 텍스트로 바꾸는 연습은 묘사력과 구성력을 동시에 키워 주었습니다.

책은 특별한 사람이 쓰는 결과물이 아닙니다. 매일 쓰는 사람, 그리고 끝까지 쓰는 사람이 결국 책을 냅니다. 저는 그 과정을 175일 동안 반복했을 뿐입니다.

글쓰기가 단번에 완성되는 '생산품'이 아니라 점점 발전해 가는
'과정'이라는 것을 이해하기 전까지는 글을 잘 쓸 수 없다.
아무도 여러분이 단번에, 또는 두 번 만에 완성하리라 기대하지 않는다.
윌리엄 진서, 《글쓰기 생각쓰기》

4

기록이 책이 되는 순간

책은 혼자 쓰지만
혼자 완성할 수 없다

    책은 작가 혼자 만드는 결과물이 아닙니다. 글은 혼자 쓰지만, 책은 함께 완성됩니다.

    누구나 글을 쓸 수는 있지만 누구나 작가가 되는 것은 아닙니다. 글을 쓰는 사람과 책을 출간하는 작가 사이에는 분명한 경계가 있고, 그 경계를 넘는 순간 반드시 편집자를 만나게 됩니다. 이 지점에서 책은 개인의 기록을 넘어 하나의 작품이 됩니다.

    저는 운 좋게 뛰어난 편집자를 만나 좋은 출판사와 계약할 수 있었지만, 그 만남이 전부 운이었던 것은 아닙니다. 편집자들이 작가를 찾고 있는 공간에, 제가 올린 글이 좋은 반응을 얻고 있었기 때문입니다.

저는 네이버 카페 '부동산스터디'에 매일 한 편씩 글을 올렸습니다. 그 공간에는 잠재적인 저자와 반응 좋은 글을 찾는 편집자들이 있었습니다. 제가 그곳에 글을 올리지 않았다면, 편집자를 만날 기회도 없었을 겁니다. 출간 기획의 출발점은 단순합니다. 자신이 쓰고 있는 글에 독자가 반응하고 있다는 사실을 편집자가 확인할 수 있게 만드는 것입니다.

그렇게 매일 쓴 글들은 자연스럽게 초고가 되었습니다. 출간 기획은 거창한 전략이 아니라, 글을 공개된 자리에서 꾸준히 쌓아 가는 과정이었습니다. 특히 경제와 재테크를 주제로 글을 쓴 점이 작가로 나아가는 데 큰 도움이 되었습니다.

그 이유는 분명했습니다.

첫째, 경제와 재테크는 글을 쓰며 배울 수 있는 분야입니다. 쓰는 과정 자체가 학습입니다.

둘째, 시기가 맞았습니다. 팬데믹 시기, 돈과 경제에 대한 관심은 최고조에 달해 있었습니다. 글의 주제 자체가 트렌드였습니다.

셋째, 경제 이야기는 생활에서 출발합니다. 누구나 돈에 대한 경험과 깨달음을 가지고 있고, 그 이야기는 글에 생명력을 부여합니다.

편집자는 글만 잘 쓰는 사람을 찾기보다, 독자 반응이 기대되는 원고와 그런 글을 지속적으로 만들어 온 사람을 찾습니다. 무엇보다 이미 독자와 연결된 채널을 가지고 있는 사람에게 먼저 눈길이 간다고 합니다.

책을 만드는 과정

책을 만드는 과정은 미술 전시와 닮았습니다. 화가가 작품을 그리면, 큐레이터는 그 작품들 사이의 의미를 엮어 전시를 기획합니다. 책도 마찬가지입니다. 작가는 글을 쓰고, 편집자는 그 글들 사이의 흐름과 구조를 설계합니다. 이 협업을 통해 비로소 한 권의 책이 만들어지고, 세상에 내놓을 수 있는 형태를 갖춥니다.

저 역시 첫 책을 준비하며 이 과정을 통과했습니다. 편집자와 수십 차례 의견을 나누며 가장 먼저 정한 것은 '무엇을 쓸 것인가'였습니다. 나는 직장생활과 퇴직, 그리고 퇴직 이후의 삶이라는 주제를 선택했습니다. 개인적인 고민이었지만, 많은 사람이 관심을 가질 화두이기도 했습니다. 그 주제를 중심에 두고 글을 쓰고, 모으고, 다시 고쳤습니다. 그때 비로소 글쓰기가 '책 쓰기'로 전환되기 시작했습니다.

책이 만들어지기까지는 몇 가지 단계가 있습니다. 먼저 혼자 쓰는 글쓰기의 시간이 필요합니다. 그다음에는 출판사와 편집자를 만나는 출간 기획의 단계를 거쳐야 합니다. 가장 많은 시간이 들어가는 과정이 원고 수정입니다. 좋은 글은 단번에 완성되지 않습니다. 단어를 고치고, 문장의 순서를 바꾸고, 문단의 흐름을 재배열하는 과정을 수없이 반복해야 합니다. 이 수정의 시간을 통과하지 못하면 책은 완성되지 않습니다.

이 모든 과정에서 가장 중요한 사실은 책은 혼자 쓰지만, 혼자 완성할 수 없다는 겁니다.

     HIGH

삶은 말이 되고, 말은 글이 된다

사람은 누구나 불행의 시간을 겪습니다. 불행과 슬픔이 전혀 없는 인생은 없습니다. 대개 50년쯤 살다 보면, 누구나 한 번쯤은 깊은 불행과 엮이게 됩니다. 중요한 것은 그 불행을 어떻게 대하느냐입니다.

어떤 사람은 "나는 불행하다"라고 말하며 그 감정 속에서 허우적거립니다. 반면 중국인 최초로 노벨문학상을 받은 모옌 같은 작가는 불행의 시간을 삶의 태도를 다듬는 시간으로 바꿉니다. 그는 말과 글을 통해 자신만의 삶을 다시 만들어 냅니다.

여기서 분명해집니다. 시작은 언제나 삶 속에 있습니다. 삶은 말이 되고, 말은 글이 되며, 글은 결국 책이 됩니다. 이 모든 과정의 중심에는 글쓰기가 있습니다. 글쓰기는 단순한 표현의 기술이 아닙니다. 글쓰기가 삶에서 어떤 역할을 하는지 명확히 이해할 때, 비로소 글과 책이 우리 삶을 어떻게 바꾸는지 알게 됩니다.

삶의 경험은 글을 만들기 위한 원재료

우리가 가진 삶의 경험과 지식은 글을 만들기 위한 원재료입니다. 생각은 마치 목화솜과 같습니다. 그 자체로는 흩어져 있는 덩어리일 뿐입니다. 이 생각들을 묶어 말로 만들면, 목화솜은 실이 됩니다. 말은 생각을 길게 풀어낼 수 있는 실타래입니다. 그러나 실만으로는 옷을 만들 수 없습니다. 날줄과 씨줄로 엮어 천을 만들어야 합니다. 이 천을 만드는 과정이 바로 글쓰기입니다. 말이라는 실을 구조와 맥락으로 엮을 때, 글이라는 천이 완성됩니다. 그 천을 재단해 옷을 만들 듯, 글을 엮어 책을 만듭니다.

정리해 보면 생각은 목화솜이고 말은 실이며 글은 천이고 책은 옷입니다. 우리가 삶에서 필요로 하는 것은 입고 다닐 수 있는 옷이듯, 삶의 방향을 그리기 위해서는 내가 직접 쓴 책, 즉 삶의 지도가 필요합니다. 생각을 책으로 엮어 갈 수 있는 능력, 그것이 바로 자기만의 삶의 지도를 그리는 힘입니다.

삶이 평범함에서 위대함으로 전환되는 지점에는 언제나 자신이 쓴 글과 책이 있습니다. 그래서 글쓰기와 그 결과물인 책이 중요합니다. 생각이 책에 이르는 데 필요한 것은 자기만의 글쓰기 레시피입니다. 요리사가 재료로 음식을 만들 듯, 우리는 삶의 소재를 생각으로 모으고, 말로 연결하고, 글로 쌓아 책으로 완성해야 합니다. 이 레시피가 갖춰지면, 글쓰기는 반복할 수 있는 능력이 됩니다. 그 과정을 통해 우리는 삶의 지도를 그려 나갑니다. 그 지도 위에 그려진 여정이 바로 평범함에서 위대함으로 나아가는 방향이 됩니다.

삶은 생각이 되고, 생각은 말과 글이 되어, 마침내 책이 되는 과정은 직장인이 평범함을 넘어 경쟁력을 갖추는 가장 확실한 방법입니다. 이 과정에는 다섯 명의 참여자가 있습니다.

첫째, 작가입니다. 작가는 삶과 생각을 말과 글로 옮기며, 초고를 완성합니다.

둘째, 편집자입니다. 편집자는 글이 책이 될 수 있는지 판단하고, 교정·교열과 구조 작업을 통해 책의 형태를 완성합니다.

셋째, 북 마케터입니다. 마케터는 책이 독자에게 제대로 전달되도록 기획하고 알립니다.

넷째, 서점 MD입니다. MD는 서점에서 책을 어떻게 진열하고 소개할지 결정하며, 독자와 책을 연결합니다.

　다섯째, 독자입니다. 독자가 책을 사고 읽을 때, 비로소 책은 완성됩니다. 그 책은 독자의 삶에 변화를 일으킵니다. 책은 작가의 삶을 위대하게 만들 뿐 아니라, 독자의 삶에도 위대한 변화를 일으킵니다.

　글은 단계를 통과해 저절로 책이 되는 것이 아닙니다. 다섯 명의 참여자가 각자의 자리에서 역할을 다할 때 비로소 한 권의 책으로 탄생합니다. 그리고 그 경험은 보통의 삶을 한 단계 끌어올립니다.

　직장 생활을 하는 동안 글쓰기를 통해 이 과정을 경험한다면, 여러분은 직장인으로서의 경쟁력을 갖추게 될 것입니다. 퇴직 이후의 삶 또한, 지금보다 훨씬 더 단단하고 빛나게 될 것입니다.

중국인 최초로 노벨문학상을 받은 모옌 작가의 출발점은
거창한 문장이 아니라, 그가 통과해 온 삶의 시간들이었다.
불행과 상실, 고단한 현실을 그는 말로 붙들었고,
글로 다듬었으며, 끝내 한 권의 책으로 빚어냈다.
우리의 삶도 다르지 않다. 삶을 말로 정리하고,
말을 글로 엮어낼 때 비로소 우리는 자신의 경험을
자산으로 바꿀 수 있다. 그 과정 속에서 평범한 하루는
경쟁력이 되고, 한 사람의 인생은 방향을 얻는다.

글쓰기는 한밤중에 운전하는 것과 비슷하다.
당신은 오로지 헤드라이트가 비추는 만큼만 볼 수 있지만,
그런 방법으로 여행지까지 다다를 수 있다.
글쓰기는 탐험과 같은 것이다. 아무것도 없는 상태에서 시작하여
글을 써 내려가는 과정에서 경험하고 배우게 되니까 말이다.
E. L. 닥터로

5

책을 쓰면 전문가가 된다

책을 완성했을 때
나는 마스터가 되었다

지난 5년간의 삶을 돌아보며, 그 시간을 어떻게 정의할 수 있을지 오래 고민했습니다. 저는 이 시간을 한 문장으로 말하고 싶습니다. "하이의 시간을 통과한 시기였다"고요. 몸으로 달리며 느끼는 쾌감, 책을 읽으며 경험한 카타르시스, 글을 쓰며 얻은 창작의 기쁨 속에서 보낸 시간들이었습니다.

이 표현은 2012년 노벨문학상을 받은 중국 작가 모옌의 말에서 영감을 받았습니다. 그는 이렇게 말했습니다.

"강풍에 맞서는 비결은 끝까지 버티는 강직함이 아니라, 흔들리되 자기 뿌리를 놓지 않는 태도다."

인생에서 중요한 것은 넘어지지 않는 것이 아니라, 쓰러질 때마다 더 깊은 뿌리를 내리며 다시 일어나는 태도라고 생각합니다. 저는 그 모든 과정을 삶과 글로 엮어 결국 한 권의 책으로 만들었습니다. 그리고 책을 내는 순간, 저는 비로소 전문가가 되었습니다.

전문가가 책을 쓰는 게 아니라, 책을 써야 전문가가 된다

저는 전문가라서 글을 쓴 사람이 아닙니다. 글을 쓰면서 배워 온 사람입니다. 처음부터 전문가였던 적은 없습니다. 글을 쓰며 돈과 경제를 공부했고, 공부한 내용을 정리하며 제 생각을 만들었습니다. 그렇게 쌓인 글이 책이 되었고, 그 이후 사람들은 저를 '경제경영 작가', '전문가'라고 부르기 시작했습니다. 하지만 지금도 저 자신을 완성된 전문가라고 생각하지 않습니다. 여전히 배우는 사람입니다.

저의 출발점은 부동산 스터디 카페에 올린 작은 글이었습니다. 처음으로 '나 아닌 다른 사람'에게 제 생각을 보여 준 순간이었습니다. 그 경험이 글쓰기를 지속하게 했고, 지속된 글이 한 권의 책이 되었습니다. 그때 전문가는 완성된 사람이 아니라, 설명할 수 있는 사람이라는 것을 깨달았습니다.

무지의 자각이 글쓰기의 첫걸음

저는 글을 쓰며 제 무지를 깨달았습니다. 성장의 출발점은 언제나 '무지의 자각'입니다.

성장은 세 단계를 거칩니다.

첫째, 자신의 무지를 인정하는 것

둘째, 가야 할 방향을 정하는 것

셋째, 미지의 세계를 향해 꾸준히 나아가는 것

글쓰기는 이 세 단계를 반복하게 합니다. 글을 쓰면 내가 무엇을 알고 무엇을 모르는지가 선명해집니다.

기록은 현재의 자각을 미래에 남기는 행위입니다. 미래를 향한 믿음이 없다면 우리는 쓰지 못합니다. 글을 쓴다는 것은 "나는 더 나아질 수 있다"는 선언이기 때문입니다. 머릿속에 정보가 많다고 전문성이 생기지 않습니다. 설명할 수 있을 때 비로소 전문성이 생깁니다. 책을 쓰는 과정은 생각을 정리하고, 근거를 찾고, 타인을 이해시키는 훈련입니다. 그 반복이 사람을 단단하게 만듭니다.

저는 전문가를 많이 아는 사람이 아니라, 신뢰받는 설명자라고 정의합니다. 그리고 책은 그 신뢰의 구조를 만드는 도구입니다.

마스터가 되는 데 필요한 능력

우리는 전문가를 영어로 '마스터master'라고 부릅니다. 어떤 분야든 진짜로 마스터가 되어 본 사람은 그들만의 즐거움, 즉 마스터의 하이가 있다는 것을 압니다. 프로와 아마추어의 차이는 분명합니다. 시합에서 느끼는 성취감부터 다릅니다. 그 경계를 넘는 마지막 관문이 바로 책 쓰기입니다. 책을 완성했을 때, 비로소 한 분야를 통과한 사람, 즉 마스터가 됩니다.

마스터가 되는 데 필요한 능력은 세 가지입니다.

첫째, 자기 조절 능력입니다. 자신의 본성과 강점을 정확히 아는 힘입니다.

둘째, 소통하는 능력입니다. 타인의 생각을 읽고 깊이 공감하는 힘입니다.

셋째, 자기화 능력입니다. 세상의 경험을 자기만의 방식으로 해석하고 정리하는 힘입니다.

이 세 가지가 쌓여 책으로 완성될 때, 우리는 비로소 전문가가 됩니다.

삶의 진짜 결과물은 시간의 누적이다

책 쓰기는 왜 중요한 걸까요. 책 쓰기는 단순한 기록이 아니라, 생각을 구조화하고 논리를 단련하며, 성취감과 자신감을 동시에 길러 줍니다. 심화 학습과 자기 성찰을 가능하게 하고, 장기적으로는 정신적 안정과 깊이 생각할 수 있는 삶의 근력을 만들어 줍니다.

책 쓰기는 개인의 성장을 이끄는 힘을 가지고 있습니다.

첫째, 사고력과 논리력이 향상됩니다. 글쓰기는 흩어져 있는 생각을 정리하고, 그것을 하나의 흐름으로 만드는 훈련이기 때문입니다.

둘째, 성취감과 자신감이 커집니다. 한 권의 책을 완성했다는 경험은 "나는 해낼 수 있는 사람이다"라는 자기 신뢰를 근본부터 바꿉니다.

셋째, 자기 이해와 감정 조절이 가능해집니다. 생각과 감정을 언어로 표현하는 과정에서 자신을 객관화하게 됩니다.

사람의 삶은 우연한 사건들의 연속처럼 보입니다. 성공도, 실패도 운처럼 느껴질 때가 많지만, 책이 만들어지는 과정을 보면 알게 됩니다. 책은 결코 우연의 산물이 아닙니다. 작은 시간이 쌓여 만들어진 결과물입니다.

　우리는 삶을 흔히 사건 중심으로 기억하지만, 삶의 진짜 결과물은 사건이 아니라 시간의 누적입니다. 하루하루의 선택과 반복이 복리처럼 쌓여 인생을 만듭니다. 단일한 사건이 삶을 바꾸는 것이 아니라, 사소한 시간을 어떻게 기록했는지가 인생의 방향을 바꿉니다.

그래서 나는 이렇게 쓴다

글쓰기는 영감의 문제가 아니라, 구조의 문제였습니다. 무엇을 쓸지 고민하기보다, 언제 쓸지를 먼저 정하는 일이 더 중요했습니다. 저는 글을 이렇게 씁니다.

첫째, 주제를 정하지 않고 시간을 먼저 정합니다. 하루 30분, 그 시간에 무조건 앉습니다. 쓸 게 없어도 앉습니다. 생각이 없어도 키보드를 두드립니다. 마스터가 되면 상태에 따라 움직이지 않습니다. 시간을 기준으로 움직입니다.

둘째, 잘 쓰려고 하지 않고, 끝까지 쓰려고 합니다. 글을 쓰다 보면 항상 중간에 자기 검열이 시작됩니다. "이게 무슨 말이지?", "이게 가치가 있나?" 그 순간 대부분의 사람은 멈춥니다. 하지만 저는 그때 계속 씁니다. 잘 쓰는 글은 처음부터 나오지 않습니다. 끝까지 쓴 글만이 고쳐질 수 있습니다.

셋째, 독자를 상상하지 않고 미래의 나를 독자로 둡니다. 지금의 글은 출판을 위한 글이 아니라, 3년 뒤의 내가 다시 읽을 글이라고 생각합니다. 그렇게 쓰면 평가받는 글이 아니라, 축적되는 글이 됩니다.

마스터와 아마추어의 차이는 재능이 아니라 태도입니다. 아마추어는 영감을 기다리고, 마스터는 시스템을 만듭니다. 아마추어는 기분이 좋을 때 쓰고, 마스터는 기분과 상관없이 씁니다. 결국 책을 쓰는 것은 특별한 재능이 아니라, 시간을 반복한 결과입니다.

매일의 기록이 모여 책이 된다

책을 쓰려는 사람은 복리 효과를 이해해야 합니다. 매일의 기록이 쌓여 한 권의 책이 됩니다. 하루를 놓치면 아무 일도 일어나지 않는 것 같지만, 사실 하루는 가장 위험한 시간 단위입니다. 하루가 흐트러지면 삶의 리듬도 흔들립니다. 중요한 것은 미래를 준비하는 것이 아니라, 오늘이 무너지지 않도록 방어하는 것입니다. 글쓰기는 하루를 지켜내는 일입니다. 매일의 기록은 삶이 완전히 사라지지 않도록 붙잡아 주는 안전장치입니다.

인간의 삶에서 천 년이 지나도 변하지 않을 가치는 무엇일까요. 저는 그것이 바로 언어, 그중에서도 글로 저장된 언어라고 생각합니다. 책을 쓴다는 것은 천 년이 지나도 사라지지 않을 나만의 가치를 남기는 일입니다.

천 년 전에도 글을 기록하던 사람들이 시대의 리더였습니다. 읽고 쓸 수 있는 능력, 즉 문해력과 집필력은 과거에도 중요했고, 지금도 중요하며, 앞으로도 변하지 않을 인간의 핵심 역량입니다. 인공지능이 아무리 발전하더라도, 인간이 스스로 사고하고 언어로 삶을 정리하는 능력은 사라지지 않습니다.

그래서 우리는 책을 씁니다. 책을 쓰는 순간, 우리는 단순한 소비자가 아니라 자기 삶을 해석하는 전문가가 됩니다. 그 과정 자체가 이미, 인생의 하이가 됩니다.

나는 한 달에 노트 한 권은 채우도록 애쓴다.
글의 질은 따지지 않고 순전히 양으로 내 직무를 판단한다.
그러니까 내가 쓴 글이 명문이든 쓰레기든 상관없이
무조건 노트 한 권을 채우는 일 자체를 중요하게 생각하는 것이다.
나탈리 골드버그, 《뼛속까지 내려가서 써라》

6

100일 쓰기,
라이터스 하이에 도달하는 길

생각을 구조로 만드는 글쓰기 훈련

글쓰기는 생각을 정리하는 기술이 아니라, 사고를 재구성하는 훈련입니다. 퇴직 전까지 우리는 오랫동안 지식만 입력해 왔습니다. 정작 그것을 밖으로 꺼내 본 경험은 많지 않습니다. 머릿속에는 소화되지 못한 지식이 겹겹이 쌓여 있습니다. 이제는 그것을 비워 낼 때입니다. 그래서 100일 동안 매일 아침 2,000자(A4 두 장 분량)를 쓰라고 권하는 것입니다. 이 프로젝트는 단순한 습관 만들기가 아닙니다. 쌓여 있던 생각을 밖으로 밀어내는 작업입니다.

뇌는 깊은 샘과 같습니다. 오래 고여 있던 물을 흘려보내야 새로운 물이 솟습니다. 결국 이 100일 프로젝트는 지적 에너지를 몸 밖으로 끌어내는 훈련입니다. 사고의 흐름을 바꾸는 체질 개선 프로젝트입니다.

① 준비 → ② 실행 → ③ 점검 → ④ 위기 관리 → ⑤ 완주 점검
이라는 다섯 단계를 통과하면, 어느 순간 글이 밀려 나오듯 이어
지는 경험을 하게 됩니다. 그것이 바로 라이터스 하이입니다.

① 준비: 의지가 아니라 환경이다

결심만으로는 100일을 버틸 수 없습니다. 환경이 행동을 자동
으로 끌어내야 합니다. 준비의 핵심은 다음 세 가지입니다.

• 시간 고정

저는 매일 아침 6시부터 7시까지 한 시간을 글쓰기 시간으로
고정했습니다. 고정된 시간은 선택이 아니라 약속입니다. 뇌는
반복되는 시간에 자동으로 집중 모드로 전환됩니다.

• 공간 고정

책상을 거실로 옮겼습니다. 앉기만 하면 바로 쓸 수 있는 구조를
만들었습니다. 이동 동선이 짧을수록 실행 확률은 높아집니다.

• 도구 최적화

타자가 편한 키보드를 연결하고, 대형 모니터를 추가했습니다.
중요한 것은 '켜져 있는 상태'입니다. 앉는 즉시 시작할 수 있어야
합니다.

글쓰기는 의지가 아니라 설계입니다. 환경을 만들면, 행동은 따라옵니다.

② 실행: 3·3·3 법칙으로 밀어붙인다

실행 단계에서는 '3·3·3 법칙'을 적용합니다. 다음은 세 가지 일별 실행 법칙입니다.

• 오늘 하루만 전략

목표는 100일이 아니라 오늘 2,000자입니다. "나는 오늘 쓰는 사람이다"라는 생각이면 충분합니다.

• 사전 글감 준비

전날 잠들기 전에 다음 날 주제를 정하십시오. 뇌는 밤사이 자동으로 정리합니다. 아침에 앉으면 이미 문장이 준비되어 있습니다.

• 분량 완수 원칙

완성도에 집착하지 마십시오. 중간 수정 없이 끝까지 씁니다. 잘 쓴 글보다 끝낸 글이 다음 단계를 만듭니다.

다음은 세 가지 주간 실행 법칙입니다.

• 생각 패턴 찾기

반복되는 주제가 보입니다. 그 주제가 당신의 방향입니다.

- **생각 명료화하기**

문장이 길어지고 주제가 흐려진다면 생각이 정리되지 않았다는 신호입니다. 생각 하나를 붙들고 깊게 파고드십시오.

- **잘 쓴 글 찾기**

일곱 편 중 최소 한 편은 빛나는 글이 나옵니다. 그 글을 읽고 스스로 인정하십시오. 자기 강화는 지속의 연료입니다.

다음은 세 가지 월간 실행 법칙입니다.

- **글쓰기 속도 증가**

자기 효능감이 올라갑니다. "나는 매일 해내는 사람이다"라는 정체성이 형성됩니다. 집중 시간이 길어지고 산만함이 줄어듭니다.

- **사고의 깊이 변화**

피상적 사고에서 구조적 사고로 이동합니다. 감정적 반응이 줄고 분석적 질문이 늘어납니다. 문제를 보면 먼저 "왜?"를 묻게 됩니다.

- **삶의 방향성 정립**

가치관이 정리됩니다. 우선순위가 또렷해집니다. "나는 어떤 삶을 원하는가?"에 대한 답이 선명해집니다.

③ 점검: 기록표를 만들어 체크한다

현재 며칠이 지났는가? 총 몇 자를 썼는가? 빠진 날은 왜 빠졌는가? 와 같은 항목을 넣어서 기록표를 만들어 체크하십시오. 눈에 보이는 성취가 지속성을 만듭니다. 점검은 자신을 비난하는 시간이 아니라 패턴을 읽는 시간입니다.

④ 위기 관리: 멈추지 않는 기술

100일 동안 위기는 반드시 옵니다. 문제는 실패가 아니라 중단입니다.

다음은 위기 관리를 위한 세 가지 원칙입니다.

• 보완 원칙

아침을 놓쳤다면 밤에라도 씁니다. '오늘 0자'만 만들지 않으면 됩니다.

• 최소 분량 전략

도저히 힘든 날은 1,000자라도 씁니다. 완벽보다 지속하는 게 중요합니다.

• 리셋 금지 원칙

하루 실패했다고 처음으로 돌아가지 마십시오. 100일은 연속 완벽 프로젝트가 아니라 회복 탄력성 훈련입니다. 위기를 넘길 때마다 글쓰기 체질은 더 단단해집니다.

⑤ **완주 점검: 정체성의 변화**

100일을 채운 뒤 반드시 자신에게 물어보십시오.

"나는 무엇을 가장 많이 썼고, 내 사고는 어떻게 달라졌는가?"

"감정 표현 방식은 어떻게 변했는가?"

"나는 이제 어떤 사람인가?"

완주는 분량의 문제가 아니라 정체성의 문제입니다. 100일 전에는 '글을 써 보고 싶은 사람'이었다면 100일 후에는 '매일 쓰는 사람'입니다. 이 차이는 인생을 바꿉니다.

어느 날 '생각이 막히지 않고, 문장이 끊기지 않는다', '쓰지 않으면 오히려 허전하다'와 같은 경험을 하게 됩니다. 글이 나를 끌고 가는 그 지점이 바로 라이터스 하이입니다. 그래서 하루 2,000자, 100일이면 충분하다고 말합니다. 100일이 지나면, 머릿속에 쌓여 있던 묵은 지식의 찌꺼기들이 말끔히 정리되어 있을 겁니다. 생각이 순환되고 막혀 있던 것이 열리는 경험, 이를테면 지식의 쾌변과도 같습니다.

100일이 지나면
뇌는 어떻게 달라지는가

100일 동안 매일 아침 2,000자의 글쓰기를 지속하면, 두뇌는 단순히 '글을 잘 쓰는 뇌'가 아니라 '사고를 조직하는 뇌'로 재구성됩니다.

2,000자×100일, 총 20만 자. 이는 한 권의 책 초고에 해당하는 분량입니다. 이 정도의 축적은 단순한 습관 형성을 넘어, 사고 체계를 근본적으로 바꿉니다. 두뇌는 점차 '소비자의 뇌'에서 '작가의 뇌'로 전환됩니다.

다음은 100일 글쓰기 프로젝트가 두뇌의 사고 체계에 미치는 다섯 가지 변화입니다.

① 전전두엽 활성화: 사고 통제력 강화

글쓰기는 생각을 정리하고 구조화하는 과정입니다. 계획하고, 논리를 배열하고, 표현을 선택하는 작업을 반복하면서 자연스럽게 전전두엽이 활성화됩니다. 그 결과 충동적으로 반응하기보다 한 번 더 숙고하고 판단하는 능력이 향상됩니다. 감정 중심의 반응에서 사고 중심의 판단으로 이동하는 것입니다. 이 변화가 쌓이면 어느 순간, 생각을 다루는 감각이 생깁니다. 이것이 바로 '라이터스 하이'로 가는 첫 단계입니다.

② 언어 네트워크 확장: 모호함에서 명료함으로

글쓰기는 표현력을 확장합니다. 단어를 고르고 문장을 구성하는 과정에서 언어 관련 뇌 영역이 활발히 연결됩니다. 자주 사용하는 어휘의 폭이 넓어지고, 생각을 더 정확하게 표현할 수 있게 됩니다. 막연한 느낌은 명확한 문장으로 바뀌고, 흐릿한 이미지는 구조화된 텍스트로 정리됩니다. 한마디로 요약하면, 모호한 사고가 명료한 사고로 전환됩니다. 이것이 언어 네트워크 확장이 만들어 내는 힘입니다.

③ 감정 처리 능력 향상: 정서 명명의 힘

글쓰기는 스트레스를 완충하는 효과가 있습니다. 감정을 언어로 옮기는 순간, 추상적이던 감정은 구조를 갖게 됩니다. 심리학에서는 이를 '정서 명명 효과'라고 부릅니다. 감정을 정확히 이름 붙이는 것만으로도 불안은 줄어듭니다. 글을 쓰다 보면 감정에 휘둘리는 상태에서 벗어나, 감정을 조절할 수 있는 위치로 이동하게 됩니다. 이것은 단순한 기록이 아니라, 마음을 다루는 훈련입니다.

④ 작업 기억 용량 증가: 집중하는 힘

2,000자는 짧은 집중으로는 완성할 수 없는 분량입니다. 지속적인 몰입이 필요합니다. 하나의 생각을 붙들고 끝까지 전개하는 과정에서 작업 기억이 단련됩니다. 멀티태스킹은 오히려 방해됩니다. 대신 한 가지 주제에 오래 머무는 힘이 길러집니다. 그 결과 산만함은 줄어들고, 깊이 있는 사고가 가능해집니다. 이것이 글쓰기가 선물하는 집중력의 진화입니다.

⑤ 자기 정체성 강화: 창작자로의 전환

100일 동안 매일 글을 써 본 경험은 강력한 자기 효능감을 만듭니다. "나는 생각을 생산하는 사람이다"라는 인식이 정체성으로 자리 잡습니다. 자기 확신과 자기 신뢰는 함께 자라납니다. 더 이상 정보를 소비하는 데 머무르지 않습니다. 생각을 생산하고 의미를 창조하는 사람으로 변화합니다.

이것이 100일 글쓰기가 만드는 가장 근본적인 변화입니다. 100일이 지나면 우리의 뇌는 더 이상 정보를 소비하는 뇌가 아니라, 생각을 생산하는 뇌가 되어 있다는 사실을 깨닫게 됩니다. 사고는 정리되고, 감정은 다루어지며, 집중은 깊어지고, 정체성은 단단해집니다. 이 상태가 바로 라이터스 하이입니다. 그리고 이것이 우리가 100일 글쓰기 프로젝트를 시작해야 하는 이유입니다.

나는 지금 어떤 고도에 서 있는가

"나는 지금 하이의 고도에서 살고 있는가?"

고도에는 두 가지 의미가 있습니다. 하나는 사무엘 베케트의 부조리극 《고도를 기다리며》에 나오는 고유명사 '고도Godot'입니다. 아무리 기다려도 끝내 나타나지 않는 존재, 신기루 같은 이름입니다. 다른 하나는 저지대의 삶과 대비되는 보통명사 '고도高度', 곧 더 높은 삶의 경지를 뜻합니다.

작품 속 '고도'는 끝내 오지 않습니다. 그러나 우리 인생의 '고도'는 기다림의 대상이 아니라, 스스로 올라가야 할 자리입니다.

여기까지 이 책을 읽어 왔다면 이제 자신에게 물어보십시오. "나는 오지 않을 '고도'를 기다리는 사람인가, 아니면 스스로 올라

설 '고도'를 향해 가는 사람인가." 만약 당신이 더 높은 삶의 경지를 바란다면, 더 이상 기다리지 마십시오. 오늘, 100일 하이 프로젝트를 시작하십시오. 몸으로 달리고, 마음으로 읽고, 머리로 쓰면서 기다림이 아닌 실천으로, 당신의 고도를 높이십시오.

이 책에서는 '6킬로미터 달리기+30페이지 독서+2,000자 글쓰기'를 100일간 지속하는 구체적인 실행 방안을 제안했습니다. 단순한 계획이 아니라, 삶의 구조를 바꾸는 실천입니다.

아침 5시에 일어나 물 한 컵을 마시고 달립니다. 한 시간 동안 6킬로미터로 몸을 깨우는 시간입니다. 6시부터는 30페이지를 읽습니다. 속도보다 이해가 중요합니다. 밑줄을 긋고, 마지막에 한 줄로 요약합니다. 마음을 다지는 시간입니다. 7시부터는 2,000자를 씁니다. 수정 없이 끝까지 밀고 갑니다. 읽은 내용이 자연스럽게 글로 이어지면 더욱 좋습니다. 사고를 확장하는 시간입니다. 8시 이전, 하루의 핵심 훈련이 끝납니다.

중요한 것은 완벽이 아니라 연결 유지입니다. 달리기가 힘들면 3킬로미터를 뛰고 3킬로미터를 걷습니다. 집중이 흐려지면 소설이나 에세이로 바꿉니다. 글이 막히면 10분 자유 글쓰기로 물꼬를 틉니다.

핵심 전략은 버티기라는 한 단어입니다. 이 프로젝트의 본질은 '매일 나를 이기는 작은 승리 100번'입니다. 100일이 지나면 이렇게 말할 수 있습니다.

"나는 반응하는 사람이 아니라, 생각하고 선택하는 사람이 되었다."

이 변화는 단순한 습관 형성이 아닙니다. 몸·마음·두뇌의 구조가 동시에 재편되는 경험입니다.

100일 프로젝트가 주는 선물은 다섯 가지입니다.

첫째, 삶에서 자기 통제력을 가지는 겁니다. 의지에 기대는 사람이 아니라 시스템을 가진 사람이 됩니다.

둘째, 자기만의 언어를 가지고 살아갑니다. 읽기는 입력, 쓰기는 출력, 달리기는 사고를 정리하는 시간입니다. 정보가 지혜로, 지혜가 자기 언어로 바뀝니다.

셋째, 정서적 안정성을 가지게 됩니다. 달리기는 스트레스를 낮추고, 독서는 관점을 넓히며, 글쓰기는 감정을 구조화합니다. 우리는 감정에 휘둘리는 사람이 아니라 감정을 다루는 사람이 됩니다.

넷째, 삶의 방향성을 선명하게 가지게 됩니다. 바쁨이 아니라 본질 중심의 삶으로 나아갑니다.

다섯째, 자기 확신감을 가지게 됩니다. "나는 꾸준히 해내는 사람이다"라는 이 확신은 인생의 다른 영역으로 확장됩니다.

100일은 짧지 않습니다. 그러나 충분합니다. 처음부터 거창할 필요는 없습니다. 무너져가는 일상을 붙잡겠다는 마음이면 됩니다. 몸이 처지면 마음이 처지고, 마음이 처지면 읽지 않게 됩니다. 읽지 않으면 생각이 얕아지고, 결국 쓰지 못합니다. 그렇게 삶은 서서히 무너집니다. 반대로, 달리면 몸이 깨어납니다. 읽으면 마음이 단단해지고, 쓰면 생각이 깊어집니다.

저는 5년 동안 이 프로젝트를 통해 사람을 바꾸는 것은 거대한 결심이 아니라 작은 반복이라는 사실을 배웠습니다. 반복은 의지가 아니라 설계입니다. 달리기는 도망치던 저를 멈추게 했고, 독서는 비교를 멈추게 했으며, 글쓰기는 저를 이해하게 했습니다. 몸이 버티니 마음이 안정되었고, 마음이 안정되니 사고가 깊어졌으며, 사고가 깊어지니 삶의 방향이 또렷해졌습니다.

하이는 들뜸이 아니라 상승입니다. 자극이 아니라 고도입니다. 100일 전의 나는 바빴지만 산만했습니다. 100일 후의 나는 중심을 가진 사람이 되었습니다. 문제가 사라진 것은 아닙니다. 그러나 해답을 찾아갈 힘이 생겼습니다. 흔들리면 다시 달리고, 막히면 다시 읽고, 복잡하면 다시 씁니다. 그것이면 충분합니다. 속도가 느려도 괜찮습니다. 멈추지만 않으면 됩니다.

하루 6킬로미터를 달리고, 하루 30페이지를 읽고, 하루 2,000자를 쓰십시오. 딱 100일만 해 보면, 어느 날 문득 깨닫게 될 것입니다.

“나는 이미 다른 고도에 와 있구나.”

저는 달리기와 독서, 글쓰기로 무너진 삶을 다시 세웠습니다. 러너스 하이, 리더스 하이, 라이터스 하이와 함께 하루의 의미를 몸과 마음에 새겼습니다. 지난 5년이 그 증거입니다.

마지막으로 저는 ‘몸과 뇌, 그리고 글’에 감사합니다. 달리는 몸이 저를 깨웠고, 읽는 시간이 저를 세웠으며, 쓰는 문장이 저를 앞으로 나아가게 했습니다. 달리고 읽고 쓰는 일은 무너진 삶을 다시 세우는 가장 단순하고도 강력한 방법입니다. 러너스 하이, 리더스 하이, 라이터스 하이는 제 삶을 확장시켰습니다. 하이 덕분에 저는 다시 일어섰습니다. 이제, 당신의 차례입니다.

달리고 읽고 쓰는 사람의
하이HIGH

초판 1쇄 인쇄 2026년 3월 12일
초판 1쇄 발행 2026년 3월 27일

지은이 정선용
펴낸이 배민수 이진영
기획 · 편집 셸리&밀리
디자인 스튜디오 허브
마케팅 태리
펴낸곳 (주)테라코타 **출판등록** 2023년 1월 13일 제2024-000080호
주소 서울시 용산구 원효로 128 e-테크벨리오피스텔 907호
메일 terracotta_book@naver.com
인스타그램 @terracotta_book

© 정선용, 2026
ISBN 979-11-93540-44-2 03190